Gesunde
Ernährung
auf mediterrane Art

Gesunde
Ernährung
auf mediterrane Art

Inhalt

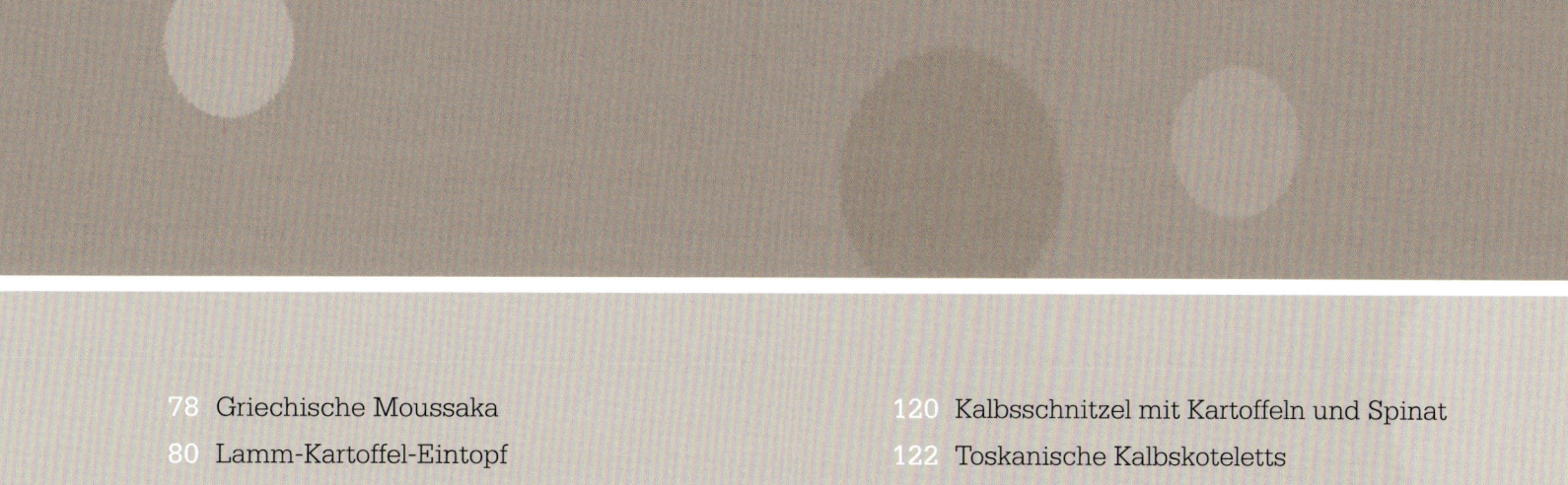

Inhalt

Die gesunde Mittelmeerküche

Die köstliche und farbenfrohe Küche der Mittelmeerregion lebt von den vielen frischen Produkten, die in dem milden Klima optimal gedeihen. Wer sich mit den Grundlagen der mediterranen Ernährung beschäftigt, erfährt viel über die Geheimnisse gesunden Lebens.

Die mediterrane Ernährung

Woran liegt es, dass einige der Zivilisationskrankheiten, die in den Industrienationen so verbreitet sind, in der Mittelmeerregion eher selten vorkommen? Schon seit Jahrzehnten erforschen Wissenschaftler die Rolle, die die Ernährung für die Gesundheit der Menschen in diesen Ländern spielt.

Die Mittelmeeranrainer – Südspanien, Südfrankreich, Italien, Griechenland, die Türkei, der Nahe Osten und Nordafrika – sind schon lange für ihre gesunde Küche und Lebensweise bekannt. Hauptbestandteile der mediterranen Ernährung sind frisches Obst und Gemüse, Getreide, Hülsenfrüchte, Nüsse und Fisch. Fleisch und andere tierische Lebensmittel stehen eher selten auf dem Speiseplan. Das am häufigsten verwendete Fett ist Olivenöl.

Das mediterrane Klima ist sehr mild und die Region sonnenverwöhnt – ideale Wachstumsbedingungen für die Hauptzutaten der Mittelmeerküche: Tomaten, Paprika, Auberginen, Zucchini, Zwiebeln, Knoblauch, Oliven, Trauben und Zitrusfrüchte. Außerdem liefert das Meer reichlich frischen Fisch und Krustentiere.

Die klassische mediterrane Küche ist eine ländliche Küche ohne komplizierte Garmethoden und exotische Zutaten. Der Fokus liegt hier auf frischen, hochwertigen Produkten und einer persönlichen Note des Kochs.

Jede Mittelmeerregion hat ihre typischen Lieblingskräuter und -gewürze, die der jeweiligen Landesküche ihren charakteristischen Geschmack verleihen. Petersilie, Lorbeerblätter, Basilikum, Majoran, Thymian, Rosmarin, Salbei, Koriander, Dill und Minze sind jedoch generell beliebt. Zu den populärsten Gewürzen zählen Safran, Zimt, Piment, Kreuzkümmel und Koriander. Sie werden nicht nur in Reinform verwendet, sondern insbesondere in Nordafrika auch zu Gewürzmischungen verarbeitet.

Schon lange beschäftigen sich Ernährungswissenschaftler mit der Frage, warum Herzerkrankungen, Übergewicht, Diabetes und Krebs im gesamten Mittelmeerraum vergleichsweise selten auftreten. Neben der gesunden Ernährung spielt vermutlich auch der langsamere Lebensrhythmus eine wichtige Rolle. Ganz gelüftet ist das Geheimnis noch nicht, unstrittig ist aber, dass die Menschen rund ums Mittelmeer von den vielfältigen frischen, saisonalen Produkten ihrer Heimat profitieren – die oft extrem verarbeiteten Lebensmittel der globalen Ernährungsindustrie sind hier noch die Ausnahme.

Frisches Gemüse, frische Kräuter und Olivenöl zählen zu den Hauptzutaten der Mittelmeerküche.

Die wichtigsten Zutaten

Die mediterrane Ernährung ist per se gesund. Dennoch gibt es einige Zutaten, deren Nutzen besonders hoch ist und die viel zum guten Ruf der Mittelmeerküche beigetragen haben. Dazu zählen Olivenöl, Hülsenfrüchte, Getreide, Gemüse, Fisch, Eier, Joghurt und Käse.

Olivenöl

Olivenöl ist das am meisten verwendete Fett der Mittelmeerregion und die vielleicht wichtigste Zutat ihrer Küche. Im Handel ist es in vier verschiedenen Güteklassen erhältlich: Natives Olivenöl Extra, Natives Olivenöl, Olivenöl und Olibentresteröl. Bei den ersten beiden handelt es sich um hochwertige Kaltpressungen, Olivenöl und Olibentresteröl sind Verschnitte von Kaltpressungen mit raffiniertem Olivenöl. Je höher die Qualität, desto besser der Geschmack. Verwendet wird das Öl sowohl zum Kochen und Braten als auch kalt für Dressings und Dips.

Olivenöl hat einen hohen Anteil an einfach ungesättigten Fettsäuren, die die Werte des LDL-Cholesterins im Blut senken können. Außerdem enthält es viele Antioxidantien sowie die Vitamine A, B, C, D, E und K.

Hülsenfrüchte

Als preiswerte Proteinquelle sind Bohnen, Kichererbsen und Linsen klassische Zutaten einer Bauernküche. Neben Proteinen enthalten sie viele Ballaststoffe und zeichnen sich zudem durch einen niedrigen glykämischen Index (GI) aus. Rund um das Mittelmeer kommen sie häufig auf den Tisch, ob in Suppen, Eintöpfen oder Salaten.

Getreide

Auch Vollkornprodukte, die vor Herzerkrankungen schützen können, sind in der Mittelmeerküche gang und gäbe. Weizen zählt hier zur beliebtesten Getreidesorte. Er ist nicht nur Grundlage von Broten und Pasta, sondern auch von Bulgur und Couscous. Brot wird im Mittelmeerraum in der Regel pur verzehrt oder mit Olivenöl beträufelt. Aufstriche, Butter und Margarine sind hier kaum verbreitet. Ein weiteres Hauptnahrungsmittel ist Reis, je nach Gericht kommen verschiedene Sorten zum Einsatz.

Gemüse

Gemüse, Salate und Kräuter tragen durch viele Vitamine, Mineralstoffe und sekundäre Pflanzenstoffe zu unserer Gesundheit bei. Im Mittelmeerraum kommen sie regelmäßig und stets in großen Mengen auf den Tisch.

Fisch und Meeresfrüchte

Fische und Krustentiere haben einen erheblichen Anteil an der Ernährung der Menschen in der Mittelmeerregion, wo sie (fast) immer frisch zu bekommen sind. Fisch ist reich an Omega-3-Fettsäuren, die wertvoll sind für ein gesundes Herz und die Gehirnentwicklung bei Kindern.

Eier

Eier sind eine gute Quelle für hochwertiges Protein. In der mediterranen Küche finden sie vielseitige Verwendung, ob beim Frühstück oder beim Mittag- und Abendessen.

Joghurt und Käse

Joghurt und Käse sind reich an Kalzium. Joghurt spielt in der Mittelmeerküche eine besonders wichtige Rolle, vor allem in Griechenland und der Türkei. Er verleiht Speisen eine cremige Konsistenz und ist ein guter Ersatz für fettreiche Sahne. Beim Käse kennt fast jede Mittelmeerregion ihre eigene Spezialität. Mozzarella, Feta, Halloumi, Kefalotyri, Parmesan oder Pecorino sind die bekanntesten.

- -

POPULÄRE REZEPTE

Viele beliebte Rezepte kennt man in mehr als nur einer der mediterranen Landesküchen. Hier kommt die historische und kulturelle Verbundenheit der Region zum Tragen, die bis zu den alten Griechen und Römern zurückreicht.

- -

Mediterrane Essgewohnheiten

Vieles spricht dafür, sich (wenigstens in Teilen) eine mediterrane Ernährungsweise anzueignen, wenn man denn etwas Gutes für seine Gesundheit tun möchte. Schon kleine Veränderungen im täglichen Speiseplan können Ihre Gesundheit auf Dauer stärken.

Tipps für die Umstellung auf eine mediterrane Kost:

- Essen Sie viel frisches Obst und Gemüse.
- Bevorzugen Sie Vollkornprodukte bei Brot, Reis und Nudeln.
- Bringen Sie mindestens zweimal pro Woche Fisch auf den Tisch, Geflügel und rotes Fleisch nur einmal.
- Verzehren Sie Fleisch nur in geringen Mengen. Ersetzen Sie diese Proteinquelle durch Hülsenfrüchte.
- Verwenden Sie als Brotaufstrich statt Butter besser Olivenöl oder Tahini (Sesampaste).
- Ungesalzene Nüsse wie Mandeln, Pistazien und Walnüsse sind gute Zwischenmahlzeiten.
- Verwenden Sie Olivenöl statt Butter zum Kochen.
- Nehmen Sie Knoblauch zum Würzen. Er enthält viele Vitamine und Mineralstoffe.
- Ersetzen Sie Salz durch Kräuter und Gewürze.
- Nehmen Sie Ihre Hauptmahlzeit mittags zu sich und essen Sie abends nur etwas Leichtes.
- Genießen Sie die unverfälschten Aromen einfacher Speisen. Zusätzliche Raffinesse verleihen Sie ihnen mit gegrillten Kirschtomaten, Kapern oder selbst gemachten Würzpasten wie Pesto oder Oliven-Tapenade.
- Beschließen Sie Ihre Mahlzeiten mit frischem Obst oder getrockneten Früchten und Nüssen.

Mediterrane Gerichte wirken meist schlicht, schmecken aber dank der frischen Zutaten besonders aromatisch.

Vorspeisen und leichte Gerichte

Dips, Bruschettas, Suppen und Pizzas sind im ganzen Mittelmeerraum beliebt. Mit schmackhaften aromatischen Zutaten frisch zubereitet, ergeben sie ideale Snacks, Vorspeisen und leichte Gerichte.

Italienische Pizzacracker

Dieser leichte, kernige Snack für zwischendurch erhält dank des Pizzateigs sein typisch italienisches Flair – mit anderen Garnituren kann man aber natürlich mühelos das Flair auch anderer mediterraner Regionen herstellen.

FÜR 36 CRACKER
Vorbereitung: 15 Minuten
Zubereitung: 30 Minuten

400 g tiefgekühlter Pizzateig
1 Eigelb

Für die Garnitur
Kümmelsamen
gehackte Mandeln
Mohnsamen
Sonnenblumenkerne

1 Den Pizzateig bei Raumtemperatur auftauen lassen. Den Backofen auf 200 °C vorheizen, Backbleche mit Backpapier belegen.

2 Den aufgetauten Pizzateig auf der leicht bemehlten Arbeitsfläche etwa 4 mm dick ausrollen. Das Eigelb mit 2 EL Wasser gut verquirlen. Die Teigplatte damit bestreichen und in etwa 6 x 6 cm große Quadrate schneiden.

3 Die Teigquadrate mit einer Mischung aus Kümmel, Mandeln, Mohn und Sonnenblumenkernen bestreuen und auf die Bleche legen. Im vorgeheizten Ofen in 10–15 Minuten blechweise goldgelb backen. Vom Blech nehmen, kurz abkühlen lassen, warm servieren.

Nährwerte pro Cracker 160 kJ, 38 kcal, 1 g Eiweiß, 1 g Fett (<1 g gesättigte Fettsäuren), 5 g Kohlenhydrate (<1 g Zucker), 1 g Ballaststoffe

TIPP

■ Sie können auch frischen Teig aus der Kühltheke verwenden oder selbst einen Hefeteig zubereiten.
■ Die fertigen Cracker sind in einer luftdichten Dose bis zu 3 Tage haltbar, freilich schmecken sie frisch am besten.

Pizzakuchen mit Kirschtomaten

Der mit Parmesan verfeinerte Pizzateig ergibt eine wunderbare Basis für den saftigen Belag aus Ricotta, Kräutern, Kirschtomaten und Oliven. Abgerundet wird das schmackhafte Gericht durch einen knackigen Beilagensalat.

FÜR 4 PERSONEN

Vorbereitung: 40 Minuten,
  plus 1 Stunde Ruhezeit
Backzeit: 20 Minuten

Für den Teig

1 Päckchen Trockenhefe
125 ml lauwarmes Wasser
200 g Mehl
1/2 TL Salz
4 EL frisch geriebener Parmesan
1 EL Natives Olivenöl Extra

Für den Belag

170 g Ricotta
2 EL frisch gehackter Oregano
2 EL frisch gehackte Petersilie
Salz und frisch gemahlener schwarzer
  Pfeffer
250 g Kirschtomaten, halbiert
60 g entsteinte schwarze Oliven
2 EL Balsamico
1 EL Natives Olivenöl Extra
1 kleiner Rosmarinzweig
1 Knoblauchzehe, zerdrückt

Für den Salat

4 EL Kürbiskerne
4 EL Sonnenblumenkerne
3 TL Mohnsamen
1 TL Sojasauce
2 TL Sonnenblumenöl
1 TL Walnussöl
1 TL Apfelessig
150 g gemischte Blattsalate

1 Für den Teig die Hefe im Wasser auflösen. Mehl und Salz in eine Schüssel sieben. Den Parmesan zufügen und eine Vertiefung in die Mitte drücken. Das Hefewasser und das Öl hineingießen. Alles zu einem Teig verarbeiten; bei Bedarf mehr Wasser zufügen. Den Teig auf einer bemehlten Arbeitsfläche 10 Minuten glatt kneten. Dann zu einer Kugel formen, wieder in die Schüssel geben, abdecken und 1 Stunde gehen lassen, bis sich sein Volumen verdoppelt hat.

2 Den Backofen sowie ein Backblech darin auf 220 °C vorheizen. Eine Pizzaform (25 cm Ø) mit etwas Öl einfetten. Die Luft aus dem Teig schlagen und ihn erneut durchkneten. Dann zu einem Kreis (ca. 30 cm Ø, 5 mm Dicke) ausrollen. Diesen in die vorbereitete Form legen, sodass der Teig rundum locker über den Rand der Form hängt.

3 Für den Belag Ricotta, Oregano und Petersilie verrühren und mit Salz und Pfeffer würzen. Die Mischung auf dem Teig verstreichen und mit Tomaten und Oliven belegen. Balsamico, Öl, Rosmarin und Knoblauch in einem Topf vorsichtig erhitzen, dann 1–2 Minuten aufkochen, bis es leicht einreduziert ist, und über den Belag träufeln.

4 Die Pizza in ihrer Form auf das heiße Backblech im vorgeheizten Backofen geben und 15–20 Minuten backen, bis der Teig goldbraun und knusprig ist und die Tomaten leicht karamellisiert sind.

5 Für den Salat Kerne und Samen in einer Pfanne bei mittlerer Hitze 2–3 Minuten rösten. Die Sojasauce unterrühren, dann die Pfanne vom Herd nehmen. Die Öle und den Apfelessig in einer Schale mischen. Die Blattsalate in eine Schüssel geben, Kerne und Samen zufügen, das Dressing darübergießen und alles gut vermengen.

6 Die fertige Pizza aus der Form heben und in 4 Stücke schneiden. Mit dem Salat servieren.

Nährwerte pro Portion 2408 kJ, 575 kcal, 20 g Eiweiß, 35 g Fett (8 g gesättigte Fettsäuren), 45 g Kohlenhydrate (5 g Zucker), 7 g Ballaststoffe

Pizza auf griechische Art

Rote Zwiebeln, Kirschtomaten und Feta verleihen dieser unaufwändigen Pizza eine griechische Note. Servieren Sie dazu knackigen Blattsalat oder den ebenfalls typisch griechischen Tomaten-Zwiebel-Salat – auch diese beiden sind im Nu fertig.

FÜR 4 PERSONEN
Vorbereitung: 10 Minuten
Backzeit: 10 Minuten

1 großer, dünner, vorgebackener
  Pizzaboden (etwa 265 g) oder
  2 Pizzaböden à 150 g

Für den Belag
1 TL Balsamico
2 EL Natives Olivenöl Extra
1 kleine rote Zwiebel, in dünne Ringe
  geschnitten
3 EL Tomatenmark
8 Kirschtomaten, halbiert
50 g sonnengetrocknete Tomaten in Öl,
  in dünne Streifen geschnitten
12 entsteinte schwarze oder
  grüne Oliven
150 g Feta, zerbröckelt
frisch gemahlener schwarzer Pfeffer

1 Den Backofen auf 220 °C vorheizen. In einer Schüssel den Balsamico und 1 EL Olivenöl mit dem Schneebesen verquirlen. Die Zwiebelringe untermischen und ziehen lassen.

2 Unterdessen den Pizzaboden oder die Pizzaböden mit dem Tomatenmark bestreichen. Zwiebelringe und Tomatenhälften darauf verteilen. Getrocknete Tomaten, Oliven und Feta darüberstreuen und die Pizza mit dem restlichen Öl beträufeln.

3 Die Pizza auf den Backofenrost setzen und diesen auf der obersten Schiene in den Backofen schieben. Für den Fall, dass etwas hinuntertropft, ein mit Backpapier belegtes Blech darunterschieben. Die Pizza 10 Minuten backen, bis der Boden knusprig und der Belag leicht gebräunt ist. Herausnehmen, mit schwarzem Pfeffer würzen, in Stücke schneiden und servieren.

Nährwerte pro Portion 1955 kJ, 467 kcal, 15 g Eiweiß, 25 g Fett (8 g gesättigte Fettsäuren), 44 g Kohlenhydrate (9 g Zucker), 5 g Ballaststoffe

TIPP

Noch aromatischer wird die Pizza, wenn Sie Tomatenmark verwenden, das mit Chilischoten, Knoblauch, Oregano oder Kapern gewürzt ist.

Pizza Margherita

Die Farben Italiens kommen in dieser klassischen Pizza voll zur Geltung: Grünes Basilikum, weißer Mozzarella und rote Tomaten bilden den Belag. Statt frischer Tomaten können Sie auch Pizzatomaten aus der Dose verwenden.

FÜR 1 BACKBLECH

Vorbereitung: 30 Minuten,
plus 1½ Stunden Ruhezeit
Backzeit: 3 Minuten,
plus 10–15 Minuten

Für den Teig

150 g Mehl, plus etwas mehr
  zum Bestäuben
1 TL Trockenhefe
½ TL Salz
50 ml lauwarmes Wasser
3 EL Natives Olivenöl Extra, plus etwas
  mehr zum Einfetten

Für den Belag

500 g vollreife aromatische Tomaten,
  gehäutet und halbiert
3 EL Natives Olivenöl Extra
1 Knoblauchzehe, fein gehackt
4 EL trockener Rotwein
Salz und frisch gemahlener schwarzer
  Pfeffer
½ Bund Basilikum
125 g Mozzarella, abgetropft und in
  Würfeln
1 EL geriebener Parmesan

1 Das Mehl in einer Schüssel mit Hefe und Salz mischen. Das Wasser und 2 EL Öl zugeben und zu einem klebrigen Teig verarbeiten; bei Bedarf etwas Wasser zufügen.

2 Die Arbeitsfläche mit Mehl bestäuben. Den Teig darauf mit bemehlten Händen etwa 10 Minuten kräftig kneten und schlagen, bis er elastisch ist und nicht mehr klebt. Dann zu einer Kugel formen und in einer Schüssel zugedeckt an einem warmen Ort etwa 1½ Stunden gehen lassen, bis sich sein Volumen verdoppelt hat.

3 Unterdessen die Tomatenhälften würfeln. In einer Pfanne 2 EL Öl erhitzen und den Knoblauch darin glasig dünsten. Tomaten und Wein zugeben und unter gelegentlichem Rühren etwa 5 Minuten einkochen. Mit Salz und Pfeffer würzen, vom Herd nehmen und abkühlen lassen. Die Basilikumblätter abzupfen und in Streifen schneiden. Den Backofen auf 250 °C vorheizen.

4 Die Arbeitsfläche erneut mit Mehl bestäuben und den Teig darauf rund ausrollen. Das Backblech oder eine große Pizzaform mit Öl bestreichen, den Teig darauflegen und etwa 3 Minuten backen. Aus dem Ofen nehmen und die Tomatenstücke, dann den Mozzarella auf dem Teig verteilen. Mit Basilikum, Parmesan, Salz und Pfeffer bestreuen und mit 1 EL Öl beträufeln. 10–15 Minuten backen, bis der Käse geschmolzen und der Teigrand goldgelb ist.

Nährwerte pro Portion 2033 kJ, 486 kcal, 19 g Eiweiß, 28 g Fett (8 g gesättigte Fettsäuren), 35 g Kohlenhydrate (3 g Zucker), 4 g Ballaststoffe

- -

TIPP

Man kann die Basilikumblätter auch im Ganzen auf die Pizza legen – allerdings erst 3–4 Minuten vor Ende der Backzeit. So kurz mitgebacken, sind sie noch aromatischer.

- -

Bruschetta mit Spargel und Prosciutto

Warum sind die einfachsten Gerichte oft die besten? Hier liegt es an den exzellenten Zutaten, die aus einem schlichten belegten Brot eine ganz besondere Köstlichkeit machen. Während der Spargelsaison ergeben diese Bruschettas ein wunderbares leichtes Mittagessen.

FÜR 4 PERSONEN
Vorbereitung: 10 Minuten
Zubereitung: 15 Minuten

200 g Spargel, geschält und längs halbiert
3 EL Natives Olivenöl Extra
frisch gemahlener schwarzer Pfeffer
250 g Kirschtomaten
1 Ciabatta, diagonal in 12 Scheiben geschnitten
1 Knoblauchzehe, halbiert
50 g Rucola
65 g luftgetrockneter italienischer Schinken, z. B. Parmaschinken, in kleine Stücke gezupft
3 EL Parmesanspäne

1 Eine gusseiserne Grillpfanne auf dem Herd erhitzen. Den Spargel rundum mit 1 Esslöffel Öl bestreichen und mit Pfeffer würzen. Dann mit den Tomaten in die Pfanne geben. Das Gemüse unter Wenden etwa 8 Minuten in der Pfanne braten, bis der Spargel gar und leicht geschwärzt ist. Anschließend aus der Pfanne nehmen und warmhalten. (Wer keine Grillpfanne hat, kann das Gemüse auch unter einem Backofengrill garen.)

2 Die Brotscheiben in der Pfanne von beiden Seiten leicht anbräunen lassen. Mit den Schnittflächen des halbierten Knoblauchs über jeweils eine Seite der gegrillten Brote streichen. Dann die Ciabatta-Scheiben auf einer großen Servierplatte anrichten.

3 Den Rucola auf den Scheiben verteilen. Dann mit dem Schinken, den Tomaten und dem Spargel belegen. Das restliche Öl darüberträufeln und die Brote mit den Parmesanspänen bestreuen.

Nährwerte pro Portion 1550 kJ, 370 kcal, 14 g Eiweiß, 20 g Fett (5 g gesättigte Fettsäuren), 34 g Kohlenhydrate (3 g Zucker), 4 g Ballaststoffe

- -

TIPP

Die Spargelschalen und -abschnitte in 400 ml Wasser kochen. Mit dem Sud lassen sich Brühen, Suppen oder Risottos dezent aromatisieren.

- -

Bruschetta orientale

Hummus lässt sich sehr vielseitig als Aufstrich oder Dip verwenden. Hier würzt es frisches, knuspriges Brot, das mit Tomaten, Zwiebeln und Basilikum belegt wird. Für das beste Geschmackserlebnis sollten Sie unbedingt gut ausgereifte Tomaten verwenden.

FÜR 4 PERSONEN
Vorbereitung: 10 Minuten
Zubereitung: 5 Minuten

3 reife Tomaten, gewürfelt
1/2 kleine rote Zwiebel, fein gewürfelt
Salz und frisch gemahlener schwarzer
    Pfeffer
8 dicke Scheiben Stangenbrot
140 g Hummus, küchenfertig oder nach
    Rezept von S. 32
4 EL frisch gezupftes Basilikum
Natives Olivenöl Extra, zum Beträufeln

1   Tomaten und Zwiebeln in einer kleinen Schale mischen und mit Salz und Pfeffer würzen.

2   Das Brot toasten oder von beiden Seiten anrösten. Dann mit Hummus bestreichen.

3   Die Brote auf eine große Servierplatte legen und die Tomatenmischung darauf verteilen. Dann mit dem Basilikum bestreuen und mit etwas Olivenöl beträufeln.

Nährwerte pro Portion 1108 kJ, 265 kcal, 11 g Eiweiß, 8 g Fett (1 g gesättigte Fettsäuren), 37 g Kohlenhydrate (5 g Zucker), 8 g Ballaststoffe

Rosmarin-Focaccia

Der Teig für dieses italienische Fladenbrot wird mit Olivenöl angereichert. Vor dem Backen wird er zusätzlich mit Öl bestrichen und mit Kräutern, Oliven oder grobem Salz bestreut. Statt mit Rosmarin kann man die Focaccia auch mit anderen Kräutern aromatisieren.

FÜR 4 PERSONEN

Vorbereitung: 15 Minuten,
  plus etwa 45 Minuten Ruhezeit
Backzeit: 20 Minuten

Für den Teig

1 Päckchen Trockenhefe
1 Prise Zucker
150 ml lauwarmes Wasser
180 g Mehl
1/2 TL Salz
4 EL Natives Olivenöl Extra

Für die Garnitur

1 EL fein gehackter Rosmarin
1 EL Rosmarinnadeln
1 TL grobes Meersalz

1 Hefe und Zucker mit 2 EL lauwarmem Wasser vermengen, dann das restliche Wasser unterrühren. Für 10 Minuten beiseitestellen.

2 Das Mehl in einer großen Schüssel mit dem Salz, 3 EL Olivenöl, dem gehackten Rosmarin und dem Hefewasser mischen.

3 Den Teig auf einer leicht bemehlten Arbeitsfläche 5 Minuten leicht kneten.

4 Die Schüssel leicht einfetten und den Teig hineingeben. Mit einem Tuch bedecken und an einem warmen Platz etwa 45 Minuten gehen lassen, bis sich das Teigvolumen verdoppelt hat.

5 Den Backofen auf 200 °C vorheizen. Den Teig auf der leicht bemehlten Arbeitsfläche erneut 2 Minuten kneten. Zu einer Kugel formen, diese dann zu einem etwa 2 cm dicken Brotlaib flach drücken.

6 Den Teig auf ein Backblech legen. Mit dem restlichen Olivenöl bestreichen, mit Rosmarinnadeln und Meersalz bestreuen, dann etwa 20 Minuten backen, bis die Focaccia aufgegangen und goldbraun ist.

Nährwerte pro Portion 1058 kJ, 253 kcal, 5 g Eiweiß, 13 g Fett (2 g gesättigte Fettsäuren), 29 g Kohlenhydrate (1 g Zucker), 3 g Ballaststoffe

- -

TIPP

Die Focaccia kann auch zu einer Art schneller Pizza umfunktioniert werden: Dazu einfach aufschneiden, mit den Schnittflächen nach unten kurz braten und dann mit Ofengemüse, Parmesan oder Mozarella belegen und mit Basilikum garnieren.

- -

Falafel im Pitabrot

Der Duft frisch gebratener Falafel weht einem in arabischen Mittelmeerländern fast an jeder Straßenecke entgegen. Wer sein eigenes Hummus dazu reichen möchte, findet ein passendes Rezept auf Seite 32.

auf Seite 32.

FÜR 4 PERSONEN

Vorbereitung: 20 Minuten,
   plus 30 Minuten Kühlzeit
Zubereitung: 10 Minuten

800 g Kichererbsen aus der Dose,
   abgespült und abgetropft
2 Knoblauchzehen, zerdrückt
1 TL gemahlener Kreuzkümmel
1 TL gemahlener Koriander
1 grüne Chilischote, entkernt und
   fein gehackt
2 EL frisch gehackter Koriander
1 kleines Ei, verquirlt
2 EL Mehl
Salz
frisch gemahlener schwarzer Pfeffer
2 EL Pflanzenöl
4 Vollkorn-Pitabrote
Saft von 1/2 Zitrone
75 g Hummus

Für den Salat
100 g Rotkohl, in dünnen Streifen
1 Möhre, geschält und fein gerieben
1 Salatgurke, in dünnen Streifen
2 kleine rote Zwiebeln, in dünnen Ringen

1   Die Kichererbsen in einem Mixer oder einer Küchenmaschine glatt pürieren. Knoblauch, Kreuzkümmel und gemahlenen Koriander zufügen und gründlich untermixen. Dann die Chilischote, den frischen Koriander, das Ei und 1 EL des Mehls untermixen. Die Masse mit Salz und Pfeffer würzen, in eine Schüssel füllen und etwa 30 Minuten kalt stellen, bis sie fest geworden ist.

2   Unterdessen für den Salat Rotkohl, Möhre, Gurke und Zwiebeln in einer Schüssel mischen.

3   Die Hände mit dem restlichen Mehl bestäuben und 8 kleine Frikadellen aus der Kichererbsenmischung formen. Das Öl in einer Pfanne erhitzen und die Falafel darin bei Bedarf portionsweise von jeder Seite ca. 3 Minuten goldbraun und knusprig braten. Dann auf Küchenpapier abtropfen lassen.

4   Inzwischen die Pitabrote in einem Toaster oder unter dem Backofengrill rösten. Den Zitronensaft unter das Hummus rühren, um es ein wenig zu verdünnen. Die Pitabrote halbieren und in jede Hälfte eine Tasche einschneiden. Etwa 2 TL Hummus auf den Innenseiten jeder Pitatasche verstreichen, und die Taschen mit je einer Falafel und etwas Salat füllen. Sofort servieren.

Nährwerte pro Portion 1935 kJ, 462 kcal, 19 g Eiweiß, 18 g Fett (3 g gesättigte Fettsäuren), 56 g Kohlenhydrate (6 g Zucker), 13 g Ballaststoffe

Hummus mit knusprigen Fladenbrotsticks

Dieser außerordentlich schnell und leicht zubereitete Dip enthält jede Menge Proteine, Vitamine und Mineralstoffe. Einen köstlichen Kontrast zu seiner cremigen Konsistenz bilden kross gegrillte Fladenbrotstreifen.

FÜR 6 PERSONEN
Vorbereitung: 10 Minuten, plus Kühlzeit
Zubereitung: 5 Minuten

Für das Hummus

400 g Kichererbsen aus der Dose, abgespült und abgetropft
1/2 TL gemahlener Kreuzkümmel
2 Knoblauchzehen, zerdrückt
2 EL Zitronensaft
2 EL Natives Olivenöl Extra
160 g griechischer Naturjoghurt
Salz
frisch gemahlener schwarzer Pfeffer
1 Prise Paprikapulver
1 Prise gemahlener Kreuzkümmel
Zitronenspalten

Für die Fladenbrotsticks

300 g türkisches Fladenbrot
1 1/2 EL Natives Olivenöl Extra
50 g Sesamsaat

1 Kichererbsen, Kreuzkümmel, Knoblauch, Zitronensaft, Öl und Joghurt 1–2 Minuten in einem Mixer glatt pürieren. Alternativ alle Zutaten in eine Schüssel geben und mit einem Pürierstab zerkleinern. Wer es etwas bissfester mag, zerstampft die Kichererbsen mit einem Kartoffelstampfer oder zerdrückt sie mit einer Gabel und rührt danach die restlichen Zutaten ein.

2 Das Hummus mit Salz und Pfeffer würzen, in eine saubere Schüssel füllen, abdecken und bis zum Servieren kalt stellen.

3 Für die Fladenbrotsticks den Backofengrill vorheizen. Das Brot auf ein Backblech legen, die Oberseite mit der Hälfte des Öls bestreichen sowie mit der Hälfte der Sesamsaat bestreuen und 1 Minute unter dem heißen Grill rösten.

4 Das Brot wenden, mit dem restlichen Öl bestreichen, mit der restlichen Sesamsaat bestreuen und abermals 1 Minute rösten. Anschließend in fingerdicke Streifen schneiden und abkühlen lassen.

5 Das Hummus mit Paprikapulver und Kreuzkümmel bestreuen und mit den Fladenbrotsticks und Zitronenspalten servieren.

Nährwerte pro Portion 1473 kJ, 352 kcal, 11 g Eiweiß, 18 g Fett (3 g gesättigte Fettsäuren), 37 g Kohlenhydrate (3 g Zucker), 4 g Ballaststoffe

TIPPS

■ Sesamsaat leistet dank der vielen darin enthaltenen Proteine insbesondere zur vegetarischen Ernährung einen wertvollen Beitrag.
■ Die Fladenbrotsticks sind luftdicht verpackt 1–2 Tage haltbar.

Orientalischer Auberginensalat

Die morgenländische Note erhält dieser schmackhafte Salat durch Tahini, die im Orient weitverbreitete Sesampaste – es gibt sie gesalzen und ungesalzen. Sie ist eine Grundzutat für Hummus, die beliebte Vorspeise auf Basis von Kichererbsen oder Bohnen.

FÜR 4 PERSONEN

Zubereitung: 40 Minuten,
plus 1 Stunde Kühlzeit

2 große Auberginen, ca. 600 g
140 ml Zitronensaft
3 EL ungesalzenes Tahini (Sesampaste)
1 EL Natives Olivenöl Extra
3 Knoblauchzehen
Salz

Für die Garnitur
frisch gehackte glatte Petersilie
2 EL Granatapfelkerne, nach Wunsch

1 Den Backofen auf 250 °C vorheizen. Ein Backblech mit Alufolie belegen. Die Auberginen waschen und tropfnass auf das Backblech legen. Im Backofen 25–30 Minuten garen, dabei gelegentlich wenden.

2 Die Auberginen nach dem Backen unter fließend kaltem Wasser abschrecken. Dann häuten und die Stiele entfernen. Das Fruchtfleisch auf ein großes Brett geben und sofort mit 3 EL Zitronensaft beträufeln, damit es nicht braun anläuft. Das Auberginenfruchtfleisch mit einem großen Messer sehr fein hacken.

3 Die fein gehackten Auberginen in eine Schüssel geben. Das Tahini mit dem Öl verrühren, dann mit 3 EL Zitronensaft zu den Auberginen geben. Die Knoblauchzehen häuten, pressen und zugeben.

4 Den Salat mischen und mit etwas Salz würzen. Abgedeckt mindestens 1 Stunde kühl stellen. Mit Salz und 1 EL Zitronensaft abschmecken und auf eine kleine Servierplatte geben.

5 Den Salat mit Petersilie und Granatapfelkernen garnieren, sofort servieren. Dazu passt Fladenbrot.

Nährwerte pro Portion 718 kJ, 171 kcal, 5 g Eiweiß, 14 g Fett (2 g gesättigte Fettsäuren), 5 g Kohlenhydrate (5 g Zucker), 6 g Ballaststoffe

TIPP

Möglichst große Auberginen verwenden, da beim Abziehen an den Häuten Fruchtfleisch hängenbleibt, das dem Gericht verloren geht.

Tomaten-Paprika-Suppe mit Chorizo

Ihr delikates Aroma verdankt diese mediterrane Spezialität der würzigen Wurst ebenso wie gerösteten Zwiebeln, roten Paprikaschoten und Tomaten. Servieren Sie die Suppe mit Baguette – oder reichen Sie Pumpernickel mit Ricotta und Pesto dazu.

FÜR 4 PERSONEN
Vorbereitung: 25 Minuten
Zubereitung: 15 Minuten

1 ungeschälte rote Zwiebel, geviertelt
2 rote Paprikaschoten, längs halbiert
4 Eiertomaten, halbiert
2 ungeschälte Knoblauchzehen
500 ml Hühnerbrühe
400 g rote Kidneybohnen aus der Dose
100 g Chorizo (spanische Paprikawurst), gewürfelt
2 TL Balsamico
Salz und frisch gemahlener schwarzer Pfeffer
15 g Basilikumblätter, in Stücke gezupft

1 Den Backofengrill auf höchster Stufe vorheizen. Zwiebel, Paprika und Tomaten mit den Schnittflächen nach oben auf einem Backblech verteilen. Den Knoblauch dazulegen.

2 Das Gemüse 6–8 Minuten grillen, bis es oben leicht angeschwärzt ist. Zwiebel, Paprika und Tomaten häuten, die Knoblauchzehen aus den Schalen drücken.

3 Die Hälfte des Gemüses in kleine Stücke schneiden und in einen Topf füllen. Das restliche Gemüse mit dem Knoblauch und der Brühe in der Küchenmaschine oder mit dem Stabmixer pürieren und ebenfalls in den Topf geben. Alles verrühren. Die Bohnen in ein Sieb schütten, abspülen und abtropfen lassen.

4 Die Suppe unter gelegentlichem Rühren aufkochen lassen, Bohnen, Chorizo und Balsamico zugeben und unterrühren. Abschmecken und abgedeckt noch 2–3 Minuten köcheln lassen. Kurz vor dem Servieren das Basilikum unterrühren und servieren.

Nährwerte pro Portion 684 kJ, 163 kcal, 11 g Eiweiß, 5 g Fett (2 g gesättigte Fettsäuren), 17 g Kohlenhydrate (8 g Zucker), 6 g Ballaststoffe

----

TIPP

Statt der Eiertomaten kann man auch 350 g Kirschtomaten verwenden. Mitrösten, bis die Häute aufplatzen, dann mit Knoblauch und Brühe pürieren.

Möhren-Orangen-Suppe mit Feta

Möhren mit ihrem leicht süßlichen Aroma und salziger Feta werden hier mit fruchtigem Orangensaft auf unwiderstehliche Weise kombiniert. Eine knackige Baguette mit würziger Tapenade – französische Olivenpaste – schmeckt besonders gut dazu.

FÜR 4 PERSONEN

Vorbereitung: 15 Minuten
Zubereitung: 25 Minuten

1 EL Natives Olivenöl Extra
1 Zwiebel, fein gewürfelt
4 Möhren, geschält und fein gewürfelt
1 Knoblauchzehe, zerdrückt
600 ml Gemüsebrühe
Saft von 1 kleinen Orange
2 EL frisch gehackter Estragon, plus einige Zweige zum Garnieren
100 g Feta, zerbröckelt

1 Das Öl in einem großen Topf bei mittlerer Hitze erhitzen. Zwiebel, Möhren und Knoblauch darin ca. 5 Minuten unter gelegentlichem Rühren dünsten.

2 Brühe und Orangensaft sowie die Hälfte des Estragons zufügen. Aufkochen und 6–8 Minuten leicht köcheln lassen, bis das Gemüse weich ist.

3 Etwa ein Viertel des Gemüses herausnehmen und beiseitestellen. Den restlichen Topfinhalt in der Küchenmaschine oder mit dem Stabmixer direkt im Topf nicht ganz glatt pürieren.

4 Das Püree mit dem beiseitegestellten Gemüse im Topf verrühren. Die Suppe abschmecken und aufkochen lassen, dann auf Schalen oder tiefe Teller verteilen. Mit Feta, dem restlichen gehackten Estragon und einigen Estragonblättern bestreuen und sofort servieren.

Nährwerte pro Portion 665 kJ, 159 kcal, 6 g Eiweiß, 11 g Fett (5 g gesättigte Fettsäuren), 17 g Kohlenhydrate (9 g Zucker), 2 g Ballaststoffe

TIPP

Wenn die Zeit drängt, verzichten Sie darauf, die Suppe zu pürieren – auch die rustikale Variante mit Gemüsestückchen schmeckt hervorragend.

Minestrone

Die Minestrone gilt als die italienische Suppe schlechthin – dabei gibt es für sie in ihrem Herkunftsland gar kein festes Rezept. Lediglich Bohnen bzw. Hülsenfrüchte sowie Nudeln sind ein Muss, ansonsten kommt hinein, was der Vorrat gerade hergibt.

FÜR 6 PERSONEN
Zubereitung: 30 Minuten

1 große Zwiebel
3 Scheiben durchwachsener Speck
3 Zucchini
150 g grüne Bohnen
400 g Cannellini-Bohnen aus der Dose
1 EL Natives Olivenöl Extra
750 g passierte Tomaten aus der Dose
1 l Rinderbrühe
750 ml Wasser
150 g Nudeln, z. B. Ditalini oder
    kurze Makkaroni

Für die Garnitur
frische Basilikumblättchen
    (nach Belieben)
geriebener Parmesan

1   Die Zwiebel schälen und fein würfeln. Den Speck von der Schwarte befreien und würfeln. Die Zucchini putzen und würfeln. Die grünen Bohnen putzen und klein schneiden. Die Cannellini-Bohnen in ein Sieb geben, abspülen und abtropfen lassen.

2   Das Öl in einem großen Topf erhitzen. Zwiebel und Speck darin bei mittlerer Hitze unter Rühren 3–4 Minuten dünsten. Tomaten, Brühe und 750 ml Wasser zufügen. Die Suppe bei starker Hitze aufkochen.

3   Die Nudeln in der Suppe bei reduzierter Hitze unter gelegentlichem Rühren nach Packungsangabe fast gar kochen. Zucchini und Bohnen unterrühren und in 2–3 Minuten weich kochen.

4   Die Suppe in vorgewärmten Schalen oder Tellern servieren, nach Belieben mit Basilikum garnieren und mit Parmesan bestreuen.

Nährwerte pro Portion 245 kcal, 12 g Eiweiß, 6 g Fett (2 g gesättigte Fettsäuren), 33 g Kohlenhydrate (15 g Zucker), 2,5 g Ballaststoffe

TIPP

Probieren Sie statt der Bohnen Kichererbsen aus der Dose und fügen Sie der Suppe für eine deftigere Variante eine herzhafte, in Scheiben geschnittene Wurst hinzu.

Gazpacho

Dank der vielen frischen und rohen Zutaten schmeckt diese klassische spanische Gemüsesuppe sehr aromatisch und steckt voller Vitamine – ideal für ein leichtes Mittagessen an heißen Tagen oder als Vorspeise an lauen Sommerabenden.

FÜR 4 PERSONEN

Vorbereitung: 20 Minuten,
   plus 2 Stunden Kühlzeit
Zubereitung: 5 Minuten

500 g reife, aromatische Tomaten,
   geviertelt und entkernt
1/4 Salatgurke, geschält und grob gehackt
1 rote Paprikaschote, grob gehackt
2 Knoblauchzehen
1 kleine Zwiebel, geviertelt
1 Scheibe Brot, in kleine Stücke gezupft
2 EL Rotweinessig
1/2 TL Salz
2 EL Natives Olivenöl Extra
500 ml Tomatensaft
1 EL Tomatenmark

Für die Croûtons
2 Scheiben Brot, Kruste entfernt
1 EL Natives Olivenöl Extra

Für die Beilage
1 rote Paprikaschote, fein gewürfelt
4 Frühlingszwiebeln, in feinen Ringen
1/4 Salatgurke, fein gewürfelt

1   Alle Zutaten für die Suppe in einer großen Schüssel mischen, portionsweise in einen Mixer geben und glatt pürieren. Die so vorbereitete Suppe in eine zweite saubere Schüssel geben, abdecken und 2 Stunden kalt stellen.

2   Inzwischen das Brot für die Croûtons von beiden Seiten mit Öl bestreichen. Ohne zusätzliches Fett in eine Pfanne geben und von beiden Seiten leicht braun anrösten. Dann aus der Pfanne nehmen und in Würfel schneiden. Die Brotwürfel wieder in die Pfanne zurückgeben und bei geringer Hitze rundum knusprig braten.

3   Croûtons, Paprikawürfel, Frühlingszwiebelringe und Gurkenwürfel in separate Servierschalen füllen.

4   Die Suppe abschmecken, eventuell nachwürzen und auf Suppenteller verteilen. Eisgekühlt zusammen mit den Croûtons und der Beilage servieren.

Nährwerte pro Portion 1075 kJ, 257 kcal, 6 g Eiweiß, 15 g Fett (2 g gesättigte Fettsäuren), 23 g Kohlenhydrate (10 g Zucker), 5 g Ballaststoffe

Hühnerleberpastete

Diese cremige Pastete lässt sich mühelos selbst herstellen. Servieren Sie dazu Apfelspalten, Selleriesticks, geröstete Baguette oder salzarme Cracker. Auch als Brotaufstrich schmeckt die Hühnerleberpastete hervorragend.

FÜR 4 PERSONEN

Zubereitung: 20 Minuten,
  plus 30 Minuten Kühlzeit

2¹/₂ TL Butter
250 g Hühnerleber, gewaschen, von sichtbarem Fett befreit und halbiert
90 g fettarmer Frischkäse, zimmerwarm
1–2 EL Cognac
1 TL Salz
frisch gemahlener schwarzer Pfeffer
1 Prise frisch gemahlene Muskatnuss
1 TL getrockneter Thymian

1   Eine schwere Pfanne bei mittlerer Hitze erwärmen. 1¹/₂ EL Butter darin zerlassen. Die Hühnerleber zufügen und 4–5 Minuten rundum anbraten.

2   Den gesamten Pfanneninhalt, auch das überschüssige Fett und angebackene Bratrückstände, in einen Mixer oder eine Küchenmaschine geben. Frischkäse, Cognac, Salz, Pfeffer, Muskat und die Hälfte des Thymians zufügen und alles 20–30 Sekunden lang pürieren, bis sich eine sämige Paste bildet. Diese abschmecken und bei Bedarf nachwürzen.

3   Die fertige Pastete mit einem Teigschaber aus dem Mixer kratzen und in kleine Ramequin-Förmchen oder eine große Servierschüssel füllen. Anschließend glatt streichen. Die restliche Butter zerlassen, den verbliebenen Thymian einrühren und die Mischung über die Pastete gießen, um sie zu versiegeln. Die fertige Pastete abdecken und mindestens 30 Minuten kalt stellen, bis sie fest geworden ist.

Nährwerte pro Portion 819 kJ, 196 kcal, 14 g Eiweiß, 13 g Fett (8 g gesättigte Fettsäuren), 2 g Kohlenhydrate (1 g Zucker), 1 g Ballaststoffe

Mozzarella-Reis-Kroketten

Die Grundlage dieser italienischen Reisspezialität bildet ein klassischer Risotto, der um einen Kern aus Mozzarella gehüllt und in Semmelbröseln gewälzt wird. Normalerweise werden die Kroketten frittiert, für diese Variante wird eine gesündere Garmethode verwendet.

FÜR 4 PERSONEN
Vorbereitung: 20 Minuten, plus Kühlzeit
Zubereitung: 1 Stunde

1 EL Natives Olivenöl Extra
1 kleine Zwiebel, fein gehackt
220 g Arborio-Reis
60 ml Wermut
600 ml heiße Gemüsebrühe
Salz
frisch gemahlener schwarzer Pfeffer
1 Ei, verquirlt
35 g Parmesan, gerieben
25 g Semmelbrösel aus 1–2 Tage altem
   Brot
50 g Mozzarella, in 8 Würfel geschnitten

Für die Garnitur
100 g junger Spinat
Zitronenspalten

1   Das Öl in einem Topf erhitzen. Die Zwiebel darin 5 Minuten weich dünsten. Den Reis zufügen und rühren, bis er rundum mit Öl überzogen ist. Den Wermut zugießen und alles weiterkochen, bis der Alkohol fast vollständig verdampft ist.

2   Nach und nach je 1 Kelle der heißen Brühe zugießen. Dabei ständig rühren, bis der Reis die Flüssigkeit fast vollständig aufgenommen hat. Erst dann 1 weitere Kelle Brühe zugießen. Die Gesamtkochzeit beträgt ca. 15–20 Minuten. Der Risotto ist fertig, wenn er eine cremige Konsistenz gebildet hat und die Reiskörner zart, aber immer noch bissfest sind.

3   Den fertigen Risotto vom Herd nehmen und mit Salz und Pfeffer würzen. Dann Ei und Parmesan einrühren und vollständig abkühlen lassen.

4   Den Backofen auf 200 °C vorheizen. Einen leicht eingefetteten flachen Bräter oder ein eingefettetes kleines Backblech miterhitzen. Die Semmelbrösel mit etwas Salz und Pfeffer würzen und auf einem großen, flachen Teller ausbreiten.

5   Den Risotto in 8 gleich große Portionen aufteilen. Je einen Mozzarellawürfel in die Mitte jeder Portion drücken und die Reismischung darum zu einer Krokette formen.

6   Die fertigen Kroketten rundum in den Semmelbröseln wälzen. Dann in den heißen Bräter oder auf das heiße Blech legen und 30–40 Minuten backen, bis sie goldbraun und knusprig sind; zwischendurch einmal wenden.

7   Den Spinat auf 4 Tellern anrichten. Je zwei Kroketten dazulegen und alles sofort mit Zitronenspalten garniert servieren.

Nährwerte pro Portion 1632 kJ, 390 kcal, 14 g Eiweiß, 12 g Fett (5 g gesättigte Fettsäuren), 51 g Kohlenhydrate (4 g Zucker), 1 g Ballaststoffe

Dolmades

Dank des hier verwendeten Vollkornreises ist diese Variante des griechischen Küchenklassikers besonders gesund. Er erhöht sowohl den Ballaststoff-, als auch den Nährstoffgehalt der beliebten gefüllten Weinblattröllchen.

ERGIBT 24 STÜCK

Vorbereitung: 20 Minuten
Zubereitung: 1 Stunde

200 g Vollkorn-Langkornreis
600 ml Wasser
24 große, in Salzwasser eingelegte Weinblätter
60 ml Natives Olivenöl Extra
1 Zwiebel, fein gehackt
1 große Knoblauchzehe, fein gehackt
1 EL frisch gehackte Petersilie
1 EL frisch gehackte Minze
1 EL frisch gehackter Dill
abgeriebene Schale und Saft von 1 unbehandelten Zitrone
60 g Rosinen
50 g Walnusskerne, gehackt
Salz
frisch gemahlener schwarzer Pfeffer
Zitronenspalten

1   Den Reis mit dem Wasser in einen Topf geben. Aufkochen, den Reis umrühren, den Topf abdecken und den Reis bei geringer Temperatur 30–40 Minuten köcheln lassen, bis er gar ist und die gesamte Flüssigkeit aufgenommen hat. Dann vom Herd nehmen.

2   Unterdessen die Weinblätter abgießen, mit kaltem Wasser abspülen und trocken tupfen.

3   Nun 2 EL des Öls bei mittlerer Hitze in einem Topf erwärmen. Zwiebel und Knoblauch darin unter gelegentlichem Rühren 5–8 Minuten dünsten, bis sie weich sind, aber noch keine Farbe angenommen haben. Den Topf vom Herd nehmen und Petersilie, Minze, Dill, Zitronenschale und Rosinen zufügen.

4   Die Nüsse in einer kleinen Pfanne bei mittlerer Hitze unter Rühren rösten, bis sich ihr Aroma entfaltet und sie goldbraun gefärbt sind.

5   Die Nüsse zur Zwiebelmischung geben. Dann den gekochten Reis und etwas Zitronensaft zufügen (abhängig von der Saftmenge und dem Säuregehalt werden Sie nicht unbedingt den gesamten Saft benötigen). Alles umrühren und mit Salz und Pfeffer abschmecken.

6   Die Weinblätter auf der Arbeitsfläche ausbreiten und jeweils etwa 2 TL der Reismischung in die Mitte setzen. Zunächst die Stielenden der Blätter einschlagen, dann die Seiten einrollen, bis 24 kleine, zylindrische Päckchen entstanden sind.

7   Die Weinblattröllchen mit den Einrollkanten in einen Dampfgarer oder einen Dämpfeinsatz legen und mit dem restlichen Öl bestreichen. Abdecken und 10–15 Minuten dämpfen, bis sie komplett durcherhitzt sind. Die fertigen Dolmades noch heiß oder auf Zimmertemperatur abgekühlt mit Zitronenspalten servieren.

Nährwerte pro Stück 310 kJ, 74 kcal, 1 g Eiweiß, 4 g Fett (1 g gesättigte Fettsäuren), 9 g Kohlenhydrate (2 g Zucker), 1 g Ballaststoffe

Pitabrot mit Roastbeef und Tabbouleh

Eine Hauptzutat von Tabbouleh, dem arabischen Bulgur-Salat, ist glatte Petersilie, die auch Bestandteil vieler orientalischer Würzmischungen und Marinaden ist. Tabbouleh ist im Handumdrehen zubereitet und lässt sich mit vielerlei Kräutern und Gemüsen abwandeln.

FÜR 4 PERSONEN
Zubereitung: 30 Minuten

4 große Pitabrote, halbiert

8 dünne Scheiben rosa gebratenes Roastbeef

4 Scheiben Emmentaler, halbiert

8 Kirschtomaten, geviertelt

1 Avocado, in Scheiben geschnitten

2 EL Hummus

Für das Tabbouleh

200 g Instant-Bulgur

2 Tomaten, gehäutet, entkernt und fein gewürfelt

1 kleine Salatgurke, fein gewürfelt

5 EL fein gehackte Minze

30 g fein gehackte glatte Petersilie

2 Frühlingszwiebeln, fein gehackt

2 EL Natives Olivenöl Extra

Saft von 1 Zitrone

Salz nach Geschmack

1 Für das Tabbouleh den Bulgur nach Packungsangabe zubereiten oder 15 Minuten in heißem Wasser einweichen, anschließend abgießen, den Bulgur ausdrücken und in einer Schüssel mit den anderen Tabbouleh-Zutaten mischen. Mit Salz abschmecken.

2 Die Pitabrothälften mit Tabbouleh, Roastbeef, Käse, Tomaten, Avocado und Hummus füllen.

Nährwerte pro Portion 2627 kJ, 628 kcal, 26 g Eiweiß, 29 g Fett (8 g gesättigte Fettsäuren), 61 g Kohlenhydrate (5 g Zucker), 12 g Ballaststoffe

TIPP

Für eine besonders feine Kräuternote sorgt die Persillade, eine Paste aus 20 g Petersilie und 2 zerstoßenen Knoblauchzehen. Die Persillade aber erst kurz vor dem Servieren untermischen.

Herzhafte Gemüsepfanne mit Eiern

Nicht nur in seiner nordafrikanischen Heimat erfreut sich dieses schmackhafte und gesunde Gericht, das dort Chakchouka heißt, großer Beliebtheit. Auch in Israel, wo man es vor allem zum Frühstück genießt, ist es fast so etwas wie ein Nationalgericht.

FÜR 4 PERSONEN

Zubereitung: 30 Minuten

1 EL Natives Olivenöl Extra

1 kleine Zwiebel, fein gehackt

1 rote Paprikaschote, entkernt und gewürfelt

1 lange rote Chilischote, in dünnen Ringen

1 Knoblauchzehe, zerdrückt

1 TL Kreuzkümmel

1/2 TL gemahlener Koriander

400 g gehackte Tomaten aus der Dose

4 Eier

2 EL grob gehackter frischer Koriander

Vollkornfladenbrot, aufgebacken (nach Belieben)

1   Das Öl bei mittlerer Hitze in einer großen Pfanne erhitzen. Zwiebel und Paprika darin unter Rühren 3–4 Minuten weich dünsten. Dann Chilischote, Knoblauch, Kreuzkümmel und gemahlenen Koriander zufügen. Eine weitere Minute dünsten, bis sich das Aroma der Gewürze entfaltet.

2   Die Tomaten zugeben und das Gemüse aufkochen, dann bei reduzierter Hitze in der offenen Pfanne 5 Minuten köcheln lassen, bis die Flüssigkeit leicht eindickt. Mit einem Löffel 4 Vertiefungen in die Masse drücken, die Eier vorsichtig aufschlagen und behutsam in die Vertiefungen gleiten lassen. Die Pfanne bedecken und das Chakchouka weitere 5–6 Minuten garen, bis das Eiweiß stockt, das Eigelb aber noch weich ist.

3   Die Gemüsepfanne mit frischem Koriander bestreuen und nach Belieben mit aufgebackenem Fladenbrot servieren.

Nährwerte pro Portion 615 kJ, 147 kcal, 8 g Eiweiß, 10 g Fett (2 g gesättigte Fettsäuren), 6 g Kohlenhydrate (5 g Zucker), 2 g Ballaststoffe

- -

TIPP

Für eine etwas gehaltvollere Variante können Sie in Schritt 1 zur Zwiebel noch 400 g mageres Rinderhack zufügen – ideal als etwas üppigeres Mittag- oder Abendessen.

- -

Fischfrikadellen

Stockfisch ist besonders in Spanien und Portugal sehr beliebt. Dort kennt man ihn als Bacalao bzw. Bacalhau. Hierzulande ist Stockfisch bei gut sortierten Fischhändlern, in spanischen oder portugiesischen Lebensmittelgeschäften sowie manchmal in großen Supermärkten erhältlich.

FÜR 4 PERSONEN
Vorbereitung: 2 Tage Einweichzeit
Zubereitung: 1 Stunde 10 Minuten

150 g Stockfisch
500 ml fettarme Milch
1 Zwiebel, in Ringen
1 Lorbeerblatt
abgeriebene Schale von 1 unbehandelten
  Zitrone
100 g festes weißfleischiges Fischfilet
500 g mehlig kochende Kartoffeln,
  geschält und grob gewürfelt
2 Knoblauchzehen, zerdrückt
1 EL frisch gehackte Petersilie
2 TL frische Schnittlauchröllchen
1 TL milder Senf
Salz
frisch gemahlener schwarzer Pfeffer
etwas Olivenöl, zum Einfetten
Zitronenspalten
Mayonnaise

Für die Panade
Mehl
2 Eier, leicht verquirlt
Semmelbrösel, für die Panade

1 Den Stockfisch 2 Tage lang in kaltem Wasser einweichen; dabei das Wasser nach 24 Stunden einmal austauschen. Den fertig eingeweichten Fisch abgießen und grob würfeln.

2 Milch, Zwiebelringe, Lorbeerblatt und Zitronenschale in einem Topf erhitzen, bis die Milch sanft köchelt. Die Stockfischwürfel zufügen und 20 Minuten kochen. Dann das Fischfilet zugeben und etwa 10 Minuten mitkochen, bis der Stockfisch gar ist.

3 Unterdessen die Kartoffeln in kochendem Wasser weich garen. Dann abgießen, zu Püree zerstampfen und beiseitestellen.

4 Den Backofen auf 200 °C vorheizen. Den fertig gekochten Fisch abgießen und leicht abkühlen lassen, dann Haut und Gräten entfernen und das Fleisch grob auseinanderzupfen. Kartoffelpüree, Knoblauch, Petersilie, Schnittlauch und Senf zufügen, alles vermengen und mit Salz und Pfeffer würzen.

5 Teelöffelgroße Portionen von der Mischung abstechen und zu kleinen Kugeln formen. Diese leicht flachdrücken und zunächst im Mehl, anschließend in der Eimasse und zuletzt in den Semmelbröseln wenden. Danach die Fischfrikadellen auf ein leicht mit Olivenöl eingefettetes Backblech legen.

6 Die Fischfrikadellen 20 Minuten im Backofen goldbraun braten und mit Zitronenspalten und Mayonnaise servieren.

Nährwerte pro Portion 1955 kJ, 467 kcal, 15 g Eiweiß, 25 g Fett (8 g gesättigte Fettsäuren), 44 g Kohlenhydrate (9 g Zucker), 5 g Ballaststoffe

- -

TIPP

Je öfter das Wasser beim Einweichen des Stockfischs gewechselt wird, desto mehr Salz, das zum Konservieren benutzt wurde, wird ausgeschwemmt.

- -

Omeletts mit Liebstöckel und Fenchelgrün

Ein Omelett ist nicht nur im Nu fertig, sondern kann auch mit vielerlei Zutaten zubereitet werden. Zu diesem Rezept passen anstelle von Liebstöckel (dem „Maggikraut") auch ausgezeichnet vietnamesischer Koriander, japanische Perilla oder Shiso und auch Thai-Basilikum.

FÜR 4 PERSONEN
Zubereitung: 30 Minuten

8 große Eier

80 ml Milch

1/2 TL Salz

25 g Schnittlauch, in 2 cm lange Röllchen geschnitten

3 EL grob gehackter Liebstöckel

2 EL grob gehacktes Fenchelgrün

1 EL Butter

50 g herzhafter Käse (z. B. Gruyère), gerieben

gemischter Salat, zum Servieren (nach Belieben)

1 Die Eier in einer Schüssel mit der Milch verquirlen. Die Mischung mit Salz abschmecken, dann die Kräuter unterrühren.

2 Die Butter in einer kleinen beschichteten Pfanne stark erhitzen. Ein Viertel der Kräuter-Ei-Mischung hineingeben und unter leichtem Rühren etwa 1 Minute stocken lassen. Die Masse ringsum am Rand und die Pfanne an der jeweils gegenüberliegenden Seite leicht anheben, damit noch flüssige Mischung gegart wird.

3 Das Omelett weiterbacken, bis die Masse fast ganz gestockt ist. Mit Käse bestreuen, zusammenklappen und auf einen Teller gleiten lassen. Zum Warmhalten, bis die restlichen Omeletts gebacken sind, mit Alufolie bedecken. Sofort servieren, nach Belieben mit einem gemischten Salat.

Nährwerte pro Portion 1095 kJ, 262 kcal, 20 g Eiweiß, 20 g Fett (8 g gesättigte Fettsäuren), 2 g Kohlenhydrate (2 g Zucker), 1 g Ballaststoffe

- -

TIPP

Man kann die Kräuter auch erst kurz vor Ende der Garzeit auf die Omeletts streuen, statt sie schon vorher unter die Eimasse zu rühren.

- -

Kartoffel-Tortilla mit Schafskäse

Die Tortilla gehört zu Spanien wie der Stierkampf und der Sherry. Das überaus beliebte und schnell zubereitete Omelett aus Kartoffeln, Eiern und anderen Zutaten – wie hier Gemüse und Käse – wird ganz einfach in der Pfanne gebraten.

FÜR 4 PERSONEN
Zubereitung: 45 Minuten

200 g tiefgekühlte Erbsen
500 g festkochende Kartoffeln
2 Stangen junger Lauch
200 g Schafskäse
400 g feste Tomaten
3 EL Sonnenblumenöl
5 mittelgroße Eier
1–2 EL Mineralwasser
Salz und Pfeffer
Cayennepfeffer
1 EL fein gehackte Petersilie

1 Die Erbsen kurz antauen lassen. Die Kartoffeln schälen, waschen und in dünne Scheiben hobeln. Den Lauch putzen, waschen und in dicke Ringe schneiden. Den Käse abtropfen lassen und würfeln. Die Tomaten waschen und in Scheiben schneiden.

2 Das Öl in einer großen Pfanne erhitzen, Erbsen, Kartoffeln und Lauch darin etwa 10 Minuten unter gelegentlichem Wenden braten. Dann die Hälfte des Käses zufügen und untermischen. Den restlichen Käse und die Tomaten auf der Masse verteilen.

3 Die Eier mit dem Mineralwasser, etwas Salz und Pfeffer, 1 Prise Cayennepfeffer und der Petersilie verquirlen. Die Eimasse über die Kartoffel-Gemüse-Mischung gießen und bei geringer Hitze etwa 10 Minuten stocken lassen. Sobald die Unterseite fest ist, die Tortilla mithilfe eines Tellers wenden und weitere 5 Minuten braten. Die fertige Tortilla in Tortenstücke schneiden und heiß servieren.

Nährwerte pro Portion 1886 kJ, 451 kcal, 28 g Eiweiß, 27 g Fett (8 g gesättigte Fettsäuren), 23 g Kohlenhydrate (5 g Zucker), 5 g Ballaststoffe

---

TIPP

Werden die Kartoffelscheiben mit Küchenpapier trocken getupft, bekommen sie beim Braten schneller eine braune Kruste und werden knuspriger.

Mediterrane Blätterteig-Schnitten

Diese herzhaften Schnitten mit Pesto, Tomaten, Oliven und Ricotta kann man in Abwandlungen rund ums Mittelmeer finden. Mit küchenfertigem Blätterteig lassen sie sich problemlos zubereiten. Reichen Sie dazu Radicchio- oder Krautsalat.

FÜR 4 PERSONEN

Zubereitung: 40 Minuten

1 Rolle fertiger Blätterteig (375 g) aus dem Kühlregal

4 EL Pesto

2 große Tomaten, in dünne Scheiben geschnitten

250 g Ricotta

8 entsteinte schwarze Oliven

50 g Parmesan, gerieben

frisch gemahlener schwarzer Pfeffer

Basilikumblättchen zum Garnieren (nach Belieben)

1 Den Backofen auf 220 °C vorheizen. Den Blätterteig aus dem Kühlschrank nehmen und (wenn es die Zeit erlaubt) in der Verpackung Raumtemperatur annehmen lassen. Anschließend lässt sich der Teig leichter entrollen, ohne zu reißen; Sie können ihn aber auch direkt aus dem Kühlschrank verarbeiten.

2 Den Teig vorsichtig entrollen und in vier gleich große Rechtecke schneiden. Diese auf ein Backblech legen und mehrmals mit einer Gabel einstechen. Im heißen Ofen 20 Minuten backen, dabei das Backblech einmal drehen, falls die Teigböden ungleichmäßig aufgehen bzw. bräunen.

3 Die Blätterteigböden mit je 1 EL Pesto bestreichen und mit den Tomatenscheiben belegen. Den Ricotta in Bröckchen daraufgeben, die Oliven halbieren und darüberstreuen. Das Ganze mit Parmesan und schwarzem Pfeffer bestreuen.

4 Die Schnitten im heißen Ofen 5–10 Minuten backen, bis der Blätterteig knusprig ist und der Belag etwas Farbe angenommen hat. Nach Belieben mit Basilikum garnieren.

Nährwerte pro Portion 2237 kJ, 534 kcal, 18 g Eiweiß, 35 g Fett (19 g gesättigte Fettsäuren), 36 g Kohlenhydrate (3 g Zucker), 2 g Ballaststoffe

TIPPS

■ Für den Belag der Blätterteigschnitten können Sie auch einfach das verwenden, was Sie gerade vorrätig haben.

■ Alternativ können Sie beispielsweise den Blätterteig mit Sauerrahm bestreichen und mit geräuchertem Lachs belegen, dann backen wie beschrieben und zum Servieren mit Rucola bestreuen.

Mediterrane Kräutermuffins

Diese Muffins schmecken hervorragend zu gegrilltem Gemüse, Suppen und Salaten, entweder pur oder mit Ricotta bestrichen. Parmesan enthält zwar viel Fett, dank seines kräftigen Geschmacks reicht aber oft eine kleine Menge davon aus.

ERGIBT 12 STÜCK

Vorbereitung: 15 Minuten
Backzeit: 20 Minuten

260 g Mehl
1 EL Backpulver
2 Prisen Salz
2 EL frisch gehackter Thymian
1 kleine Handvoll frische Basilikumblätter, klein gezupft
75 g feines Maismehl oder Instant-Polenta, plus etwas mehr zum Bestreuen
3 Frühlingszwiebeln, in dünnen Ringen
2 EL frisch geriebener Parmesan
3 EL Natives Olivenöl Extra
170 g Naturjoghurt
170 ml Milch
2 Eier

1 Den Backofen auf 190 °C vorheizen. Eine Muffinform mit 12 Vertiefungen mit Muffin-Papierförmchen auskleiden. Mehl, Backpulver und Salz in eine große Schüssel sieben. Thymian, Basilikum, Maismehl oder Polenta, Frühlingszwiebeln und Parmesan unterrühren.

2 In einer separaten Schüssel Öl, Joghurt, Milch und Eier verquirlen. Die Eimasse zu den trockenen Zutaten gießen und alles rasch vermengen. Nicht zu lange rühren, ein wenig trockenes Mehl sollte zum Schluss noch sichtbar sein.

3 Den fertigen Teig auf die Muffinformen verteilen und mit etwas zusätzlichem Maismehl bestreuen. Die so vorbereiteten Muffins 20 Minuten backen, bis sie gut aufgegangen und goldbraun geworden sind.

4 Die Muffins auf einem Kuchengitter abkühlen lassen. Schnellstmöglich servieren, am besten, solange sie noch leicht warm sind. Innerhalb der ersten 24 Stunden nach dem Backen schmecken sie am besten.

Nährwerte pro Muffin 736 kJ, 176 kcal, 6 g Eiweiß, 7 g Fett (2 g gesättigte Fettsäuren), 22 g Kohlenhydrate (2 g Zucker), 1 g Ballaststoffe

- -

TIPPS

■ Für Parmesan-Lauch-Muffins die Frühlingszwiebeln und Kräuter durch 1 kleine Stange fein gehackten Lauch ersetzen. Den Lauch 3 Minuten in etwas Butter weich dünsten, dann abkühlen lassen und zu den trockenen Zutaten geben.

■ Zwiebeln dienen in zahlreichen herzhaften Gerichten als Würzzutat, wobei sie zugleich auch in gesundheitlicher Hinsicht positiv wirken können. Forschungen lassen vermuten, dass sie helfen, den Cholesterinwert zu senken und das Risiko, dass sich Blutgerinnsel bilden, zu verringern.

- -

Fleisch und Geflügel

Zarte Stücke vom Lamm sind in der Mittelmeerküche besonders beliebt. Aber auch Geflügel-,
Rind- und Schweinefleischgerichte finden sich
unter den vielfältigen regionalen Spezialitäten.
Wählen Sie zwischen saftigen Fleischbällchen,
herzhaften Eintöpfen und vielen anderen Köstlichkeiten mehr.

Mediterraner Lammtopf

Aus nur wenigen frischen, leicht zubereiteten Zutaten lässt sich ein köstliches Mahl zaubern. Auberginen und Schalotten, deren Aroma durch das Garen intensiver wird, passen perfekt zu zartem Lammfleisch. Als Beilage eignet sich warmes, knuspriges Brot.

FÜR 4 PERSONEN

Vorbereitung: 20 Minuten, plus mehrere Stunden Marinierzeit

Garzeit: 20 Minuten

Für die Marinade

1 TL Balsamico oder Rotweinessig

3 EL Natives Olivenöl Extra

2 TL schwarze Pfefferkörner

1 TL Kreuzkümmelsamen

4 magere Lammkeulensteaks, sichtbares Fett entfernt

250 g Schalotten, ungeschält

2 große Auberginen, in mundgerechten Stücken

2 Knoblauchzehen, zerdrückt

400 g Kirschtomaten, mit einem spitzen Messer oder Spieß mehrmals angestochen

Salz und frisch gemahlener schwarzer Pfeffer

2 EL frisch gehackter Koriander

1 Den Essig mit 1 EL Öl verrühren und das Lamm von beiden Seiten mit dieser Marinade bestreichen. Die Pfefferkörner zerdrücken, mit den Kreuzkümmelsamen mischen und über die Steaks streuen. Die Gewürze leicht andrücken und die Steaks in eine nichtmetallische Schale legen. Abdecken und mehrere Stunden im Kühlschrank marinieren.

2 Den Backofen auf 200 °C vorheizen. Die Schalotten in eine große hitzebeständige Schüssel geben und mit kochendem Wasser übergießen. 2–3 Minuten ziehen lassen, dann abgießen, schälen und in die Schüssel zurückgeben.

3 Die Auberginenstücke zu den Schalotten geben. Die restlichen 2 EL Öl über das Gemüse träufeln, den Knoblauch zufügen und alles gut durchmischen.

4 Eine große Bratreine bei mittlerer Hitze auf dem Herd heiß werden lassen. Die Steaks darin von jeder Seite etwa 1 Minute anbraten, dann herausnehmen, wieder in die Schale geben, in der sie mariniert wurden, und beiseitestellen.

5 Das Gemüse auf dem Boden der noch heißen Bratreine verteilen und 15–20 Minuten im Backofen garen, bis es weich wird. Die zuvor kurz angebratenen Steaks auf das Gemüse legen und den gesamten Fleischsaft aus der Schale darüberträufeln. Dann alles weitere 10 Minuten im Backofen garen.

6 Die Tomaten zufügen und alles noch einmal 8–10 Minuten rösten, bis die Steaks den gewünschten Gargrad erreicht haben und das Gemüse weich geworden ist. Das fertige Gericht mit Salz und Pfeffer würzen und mit Koriander bestreut servieren.

Nährwerte pro Portion 1363 kJ, 326 kcal, 26 g Eiweiß, 21 g Fett (5 g gesättigte Fettsäuren), 9 g Kohlenhydrate (7 g Zucker), 5 g Ballaststoffe

Lammfleisch-Bifteki

Zusammen mit etwas knackigem Salat und einem Klacks Joghurt ergeben Lammhackbällchen eine schmackhafte Füllung für orientalische Fladenbrote. Reichen Sie dazu ein paar Kirschtomaten und Zitronenspalten, mit deren Saft Sie die Fleischbällchen beträufeln können.

FÜR 6 PERSONEN
Vorbereitung: 40 Minuten
Garzeit: 15 Minuten

350 g sehr mageres Lammhack
1 Ei
2 große Knoblauchzehen, zerdrückt
1 EL frisch gehackter Oregano oder
  1 TL getrockneter Oregano
1 EL frisch gehackter Thymian oder
  1/2 TL getrockneter Thymian
1 große Zwiebel, fein gehackt
100 g frische Vollkornsemmelbrösel
1 TL Natives Olivenöl Extra

Für den Salat
30 g frisch gehackte Kräuter, z. B. Basilikum, glatte Petersilie und Minze
6 Frühlingszwiebeln, in dünnen Ringen
50 g Rucola

Zum Servieren
6 große dünne Fladenbrote
1/2 Salatgurke, in dünnen Scheiben
1 Zitrone, in 6 Spalten
4 EL fettarmer Naturjoghurt

1 Das Hackfleisch in einer großen Schüssel mit einem Holzlöffel auflockern. Ei, Knoblauch, Oregano, Thymian und Zwiebel zufügen und alles gut vermengen. Die Semmelbrösel danach mit der Hand unterkneten.

2 Die Hackfleischmischung zu 24 walnussgroßen Kugeln formen. Diese leicht mit dem Handballen flach drücken und so zu ca. 5 cm breiten und 1 cm dicken Bifteki formen.

3 Das Öl in einer großen Pfanne erhitzen. Die Bifteki zufügen (sie dürfen ruhig eng nebeneinander liegen, denn während des Bratens verlieren sie noch an Volumen) und bei starker Hitze von jeder Seite 2 Minuten kräftig anbraten, bis sie gut gebräunt sind. Dann die Hitze auf mittlere Stufe reduzieren, die Bifteki erneut wenden und unter gelegentlichem Schwenken der Pfanne weitere 8 Minuten braten, bis sie gar sind.

4 Unterdessen die frisch gehackten Kräuter mit den Frühlingszwiebeln und dem Rucola mischen. Die Fladenbrote im Backofen aufwärmen.

5 Eine Tasche in jedes Fladenbrot schneiden und je 4 Biftekis hineingeben. Ein paar Gurkenscheiben und etwas Kräuter-Rucola-Salat zufügen. Dann alles mit einem Spritzer Zitronensaft aromatisieren, mit etwas Joghurt beträufeln und sofort servieren.

Nährwerte pro Portion 2047 kJ, 489 kcal, 27 g Eiweiß, 10 g Fett (3 g gesättigte Fettsäuren), 70 g Kohlenhydrate (5 g Zucker), 5 g Ballaststoffe

- -

TIPP

Statt die Bifteki in Fladenbrot zu füllen, können Sie sie auch in große Salatblätter einrollen. In diesem Fall sollten Sie den Joghurt zuerst auf den Blättern verstreichen, statt ihn zum Schluss darüberzuträufeln.

- -

Gegrillte Lammkoteletts mit Rosmaringlasur

Zartes Lammfleisch wird hier mit einer pikanten, fruchtig-süßen Glasur bestrichen und mit Auberginen und Ciabatta auf dem Grill gegart – man kann aber auch alles nacheinander in der Grillpfanne braten. Als Beilage passt Blattsalat bestens.

FÜR 4 PERSONEN
Vorbereitung: 10 Minuten
Zubereitung: 15 Minuten

2 EL rotes Johannisbeergelee
2 TL Dijon-Senf
4 TL frisch gehackter Rosmarin
4 magere Lammkoteletts à ca. 175 g
3–4 EL Natives Olivenöl Extra
Salz und frisch gemahlener schwarzer
   Pfeffer
1 Aubergine, in dicken Scheiben
8 Scheiben Ciabatta
rote Johannisbeeren, zum Garnieren
   (nach Belieben)

1   Das Gelee in einem kleinen Topf mit Senf und Rosmarin verrühren. Den Grill auf höchste Stufe vorheizen.

2   Die Lammkoteletts dünn mit Olivenöl bestreichen, salzen, pfeffern und auf den Grill legen. Die Auberginenscheiben mit Olivenöl bestreichen und ebenfalls auf den Rost geben. Alles in 6–8 Minuten goldbraun grillen, dabei das Fleisch einmal und die Auberginenscheiben mehrmals wenden.

3   Die Geleemischung erwärmen. Die Koteletts mit einem Teil der Geleemischung bestreichen und weitere 2 Minuten grillen. Anschließend wenden und auf der anderen Seite ebenfalls mit Glasur bestreichen; weitere 1–2 Minuten grillen.

4   Wenn das Fleisch fast gar ist, die Ciabatta-Scheiben mit etwas Öl bestreichen und ebenfalls auf den Grillrost legen. (Die Auberginenscheiben an den Rand des Rosts schieben; falls sie schon gebräunt sind, vom Grill nehmen und warm halten.) Die Brotscheiben auf beiden Seiten knusprig grillen.

5   Die restliche Glasur erhitzen. Fleisch und Auberginenscheiben auf 4 Teller verteilen und die Glasur auf das Fleisch geben. Nach Belieben mit Johannisbeeren garnieren und mit den Ciabatta-Scheiben servieren.

Nährwerte pro Portion 2383 kJ, 569 kcal, 42 g Eiweiß, 31 g Fett (10 g gesättigte Fettsäuren), 31 g Kohlenhydrate (9 g Zucker), 3 g Ballaststoffe

TIPP

Statt der Auberginenscheiben können Sie auch 4 große Champignons grillen.

Auberginenschiffchen mit Lamm und Reis

Gefülltes Gemüse ist eine der Spezialitäten der mediterranen Küche – Auberginen sind in dieser Hinsicht eine besonders gute Wahl. Das im folgenden Rezept mit Lamm und Reis gefüllte Gemüse ist auch optisch ein Leckerbissen.

FÜR 4 PERSONEN

Vorbereitung: 15 Minuten
Zubereitung: 45 Minuten

2 mittelgroße Auberginen à ca. 350 g
250 g mageres Lammhack
3 EL Natives Olivenöl Extra
2 Knoblauchzehen, zerdrückt
150 g Zwiebeln, gehackt
1 TL Koriandersamen, gemahlen
1/2 TL Kreuzkümmelsamen, gemahlen
100 g Langkornreis
300 ml Brühe oder Wasser
Salz und schwarzer Pfeffer
1 EL frisch gehackter Dill oder Minze,
  plus etwas mehr zum Servieren
2 EL frisch gehackte Petersilie,
  plus etwas mehr zum Servieren
fettarmer Joghurt oder Crème fraîche,
  nach Belieben

1   In einem großen Topf leicht gesalzenes Wasser zum Kochen bringen. Inzwischen die Auberginen längs halbieren, das Fruchtfleisch bis auf einen kleinen Rand herausschneiden, dabei die Haut nicht verletzen. Das Fruchtfleisch in 1 cm große Würfel schneiden.

2   Die Auberginenhälften in das kochende Wasser geben und 2–3 Minuten ziehen lassen, bis sie weich sind. Dann herausnehmen und mit der Schnittseite nach unten auf Küchenpapier abtropfen lassen.

3   Eine beschichtete Bratpfanne erhitzen und das Lammhack ohne Fettzugabe unter ständigem Rühren anbraten, bis es braun und krümelig ist. Das Fleisch herausnehmen, den Bratensaft ablaufen lassen und die Pfanne mit Küchenpapier auswischen.

4   Den Backofen auf 180 °C vorheizen. Öl und 2 EL Wasser in die Bratpfanne geben und die Auberginenwürfel mit Knoblauch und Zwiebeln in ca. 5 Minuten weich braten. Das Fleisch wieder zugeben, Koriander, Kreuzkümmel und Reis zufügen und unter Rühren 1 Minute kochen.

5   Brühe oder Wasser einrühren, mit Salz und Pfeffer würzen und zum Kochen bringen, dann die Temperatur reduzieren und alles zugedeckt 10–15 Minuten köcheln lassen, bis der Reis die Flüssigkeit aufgenommen hat. Dill oder Minze und Petersilie einrühren und vom Herd nehmen.

6   Die Auberginenhälften in eine flache Auflaufform setzen und die Füllung in den Hälften verteilen. Das Gericht in 15–20 Minuten hellbraun überbacken, dann heiß servieren, mit Dill oder Minze, Petersilie und einem Klecks Joghurt oder Crème fraîche garnieren.

Nährwerte pro Portion 1103 kJ, 263 kcal, 18 g Eiweiß, 9 g Fett (2 g gesättigte Fettsäuren), 28 g Kohlenhydrate (7 g Zucker), 5 g Ballaststoffe

Marokkanischer Couscous-Salat mit Lamm

Genießen Sie die intensiven Aromen von Koriander und Minze in diesem warmen Salat nach nordafrikanischer Art, der sich zu einem großen Teil im Voraus zubereiten lässt. Viele Proteine, B-Vitamine, Eisen und Zink machen Lammfleisch zu einem gesunden Leckerbissen.

FÜR 4 PERSONEN

Vorbereitung: 30 Minuten, plus 10 Minuten Ruhezeit

Garzeit: 1 Stunde

2 Zucchini, in mundgerechten Stücken

2 rote und 2 gelbe Paprikaschoten, in mundgerechten Stücken

2 rote Zwiebeln, in je 6 Spalten

2 EL Natives Olivenöl Extra

500 g Lammnackenfilet, sichtbares Fett entfernt

350 g Instant-Couscous

2 EL frisch gehackter Koriander

1 EL frisch gehackte glatte Petersilie

1 EL frisch gehackte Minze

8 entsteinte Oliven, in Scheiben

6 Frühlingszwiebeln, schräg in Ringe geschnitten

Für die Marinade

3 EL Zitronensaft

1 EL Natives Olivenöl Extra

3 Knoblauchzehen, zerdrückt

1 TL gemahlener Kreuzkümmel

1 TL gemahlener Koriander

1 Prise Cayennepfeffer

Für das Tomatendressing

100 ml Tomatensaft

2 EL Balsamico

1 TL Chilisauce

1 Den Backofen auf 200 °C vorheizen. Zucchini, Paprika und Zwiebeln in einer Bratreine verteilen. Das Olivenöl zufügen und das Gemüse rundum darin wenden. Anschließend 30 Minuten im Backofen rösten; dabei nach 15 Minuten einmal wenden.

2 Unterdessen alle Marinadezutaten in einer flachen Schale mischen. Das Fleisch zufügen, in der Marinade wenden, abdecken und beiseitestellen. Alle Dressingzutaten in ein Schraubglas füllen, durch Schütteln vermengen und ebenfalls beiseitestellen.

3 Das Gemüse nach 30 Minuten Garzeit einmal umrühren, das Fleisch darauflegen und mit der Marinade übergießen. Alles erneut in den Backofen geben und weitere 30 Minuten garen, bis das Fleisch durchgebraten, aber noch saftig ist. (Bis zu diesem Schritt können Sie das Gericht 24 Stunden im Voraus zubereiten.)

4 Den Couscous in eine hitzebeständige Schüssel geben und mit kochendem Wasser übergießen. Dann 5 Minuten ziehen lassen, bis der Couscous die gesamte Flüssigkeit absorbiert hat. Kräuter, Oliven und Frühlingszwiebeln mit einer Gabel unterheben.

5 Das Fleisch nach dem Garen beiseitestellen und 10 Minuten ruhen lassen. Unterdessen das Gemüse zum Couscous geben und unterrühren. Das Fleisch in dünne Scheiben schneiden und auf dem Couscous anrichten. Das Dressing noch einmal schütteln, dann über den Salat gießen und unterheben. Den Salat noch warm servieren.

Nährwerte pro Portion 2030 kJ, 485 kcal, 33 g Eiweiß, 24 g Fett (6 g gesättigte Fettsäuren), 32 g Kohlenhydrate (10 g Zucker), 4 g Ballaststoffe

- -

TIPP

Wer es nicht gern scharf mag, bereitet das Tomatendressing einfach ohne Chilisauce zu.

- -

Geschmortes Lamm auf griechische Art

Lamm, Knoblauch und Kartoffeln sind aus der griechischen Küche nicht wegzudenken – in diesem rustikalen Schmortopf sorgen Schalotten, Zitrone und feine Kräuter zusätzlich für unwiderstehliche Aromen.

FÜR 4 PERSONEN
Vorbereitung: 15 Minuten
Zubereitung: 1 Stunde

500 g Lammfleisch aus der Keule
500 g kleine neue Kartoffeln
300 g Schalotten
12 Knoblauchzehen
1 große unbehandelte Zitrone
2 EL Natives Olivenöl Extra
12 Thymianstängel
6 Rosmarinzweige
Salz
frisch gemahlener schwarzer Pfeffer
200 g Kirschtomaten

1 Den Backofen auf 200 °C vorheizen. Das Fleisch in mundgerechte Würfel schneiden, die Kartoffeln unter Wasser sauber bürsten, abtrocknen und längs halbieren. Die Schalotten und den Knoblauch schälen, die Zitrone in 8 Spalten teilen. Den Saft von 4 Spalten ausdrücken und mit dem Öl vermischen.

2 Fleisch, Kartoffeln und Schalotten in einer backofenfesten Form verteilen. Mit dem Zitronen-Öl beträufeln. Dann die Zitronenspalten (auch die ausgepressten) und den Knoblauch untermischen, die Hälfte der Kräuter obenauf legen. Kräftig mit Salz und Pfeffer würzen.

3 Die Form gut mit Alufolie verschließen, und das Gericht im heißen Ofen etwa 45 Minuten schmoren lassen. Inzwischen die Tomaten waschen und halbieren.

4 Die Alufolie abnehmen und die geschmorten Kräuter entfernen. Die Tomaten und restlichen Kräuter auf dem Fleisch und den Kartoffeln verteilen. Im Ofen alles noch weitere 15 Minuten offen schmoren lassen, dann noch heiß servieren.

Nährwerte pro Portion 1438 kJ, 344 kcal, 32 g Eiweiß, 13 g Fett (4 g gesättigte Fettsäuren), 24 g Kohlenhydrate (5 g Zuckder), 7 g Ballaststoffe

- -

TIPP

Falls sich am Ende der Garzeit nicht genügend Schmorsaft gebildet hat, 1 Glas trockenen Weißwein kurz mitköcheln lassen.

- -

Griechische Moussaka

Die Moussaka zählt zu den Nationalgerichten der griechischen Küche. Sie ist unter ähnlichem Namen und mit ähnlichen Zutaten jedoch in weiten Teilen des Mittelmeerraums verbreitet. Auberginen und Hackfleisch sind die Hauptbestandteile der griechischen Variante.

FÜR 4–6 PERSONEN
Vorbereitung: 15 Minuten
Garzeit: 1½ Stunden

2 EL Natives Olivenöl Extra
1 große Zwiebel, fein gehackt
500 g mageres Lammhack
2 TL Tomatenmark
150 ml Fleisch- oder Gemüsebrühe
Salz
frisch gemahlener schwarzer Pfeffer
4 Auberginen, in dünnen Scheiben

Für die Sauce
20 g Butter
2 EL Mehl
250 ml Magermilch
1 Ei

1 In einem großen Topf 2 TL des Öls erhitzen und die Zwiebel darin 5 Minuten dünsten. Das Lammhack zugeben und unter Rühren 5 Minuten anbraten. Dann Tomatenmark und Brühe zufügen. Alles mit Salz und Pfeffer würzen und aufkochen. Dann die Hitze reduzieren und den Topfinhalt 30 Minuten köcheln lassen, bis das Fleisch gar und die Flüssigkeit fast komplett verkocht ist.

2 Unterdessen den Backofengrill auf höchste Stufe vorheizen. Die Auberginen dünn mit dem restlichen Öl bestreichen und von beiden Seiten goldbraun grillen.

3 Den Boden einer leicht eingefetteten Auflaufform mit einer Lage Auberginenscheiben bedecken. Das Fleisch in die Form geben, glatt streichen und mit einer weiteren Lage Auberginenscheiben abdecken. Dann die Form beiseitestellen.

4 Den Backofen auf 180 °C vorheizen. Die Butter bei geringer Hitze in einem Topf zerlassen. Das Mehl einrühren und 1 Minute in der Butter erhitzen. Dann die Milch zugießen und alles mit Salz und Pfeffer würzen. Die Sauce 1–2 Minuten köcheln lassen, dann vom Herd nehmen und das Ei unterschlagen. Die fertige Sauce über den vorbereiteten Auflauf gießen und diesen 35–40 Minuten backen, bis die Oberfläche braun wird und Blasen wirft.

Nährwerte pro Portion 1745 kJ, 417 kcal, 34 g Eiweiß, 24 g Fett (8 g gesättigte Fettsäuren), 17 g Kohlenhydrate (12 g Zucker), 6 g Ballaststoffe

Lamm-Kartoffel-Eintopf

Das französische Eintopfgericht Navarin wird traditionell im Frühjahr zubereitet. Lammfleisch, neue Kartoffeln und junges Gemüse verleihen ihm seinen unvergleichlichen Geschmack. Knackiges Frühjahrsgemüse und etwas Stangenbrot sind ideale Beilagen.

FÜR 4 PERSONEN
Vorbereitung: 30 Minuten
Garzeit: 2 Stunden

2 EL Natives Olivenöl Extra
1 große Zwiebel, gehackt
2 Knoblauchzehen, fein gehackt
500 g mageres Beinfleisch vom Lamm ohne Knochen, sichtbares Fett entfernt und in mundgerechte Stücke geschnitten
160 ml trockener Weißwein
500 ml Lammfleisch- oder Hühnerbrühe
1 Lorbeerblatt
1 frischer Thymianstängel
1 kg kleine neue Kartoffeln, abgebürstet
250 g Babymöhren, geschält
150 g Silberzwiebeln, geschält
Salz
frisch gemahlener schwarzer Pfeffer
200 g kleine Speiserüben, gewürfelt
260 g frische gepalte Erbsen oder 120 g Tiefkühlerbsen
2 EL frisch gehackte Petersilie

1 Den Backofen auf 180 °C vorheizen. Das Öl in einem großen Schmortopf erhitzen. Zwiebel und Knoblauch darin unter Rühren 5 Minuten weich dünsten. Dann das Fleisch zufügen und unter mehrmaligem Wenden 5 Minuten rundum braun anbraten.

2 Weißwein, Brühe, Lorbeerblatt, Thymian, Kartoffeln, Möhren und Silberzwiebeln zufügen und alles mit Salz und Pfeffer würzen. Den Eintopf aufkochen, abdecken und 1 Stunde im Backofen garen.

3 Die Rüben zugeben und unterrühren, dann den Eintopf weitere 30 – 45 Minuten in den Backofen geben, bis Fleisch und Gemüse gar sind. 10 Minuten vor Ende der Garzeit die Erbsen zufügen.

4 Die Petersilie einrühren und den Eintopf abschmecken. Bei Bedarf mit Salz und Pfeffer nachwürzen. Anschließend sofort servieren.

Nährwerte pro Portion 2311 kJ, 552 kcal, 41 g Eiweiß, 17 g Fett (5 g gesättigte Fettsäuren), 50 g Kohlenhydrate (13 g Zucker), 13 g Ballaststoffe

Mediterraner Geflügelsalat

Dieser schnell zubereitete Salat ist ideal für ein leichtes Abendessen unter der Woche. Fügen Sie kurz vor dem Servieren nach Belieben noch ein paar Avocadoscheiben hinzu. Mit frischem, knusprigen Brot als Beilage schmeckt er besonders köstlich.

FÜR 4 PERSONEN

Vorbereitung: 10 Minuten
Garzeit: 15 Minuten

4 Hähnchenbrustfilets à ca. 200 g
1 EL Natives Olivenöl Extra
250 g rote und gelbe Kirschtomaten
2 EL Zitronensaft
250 g in Kräuteröl marinierter Feta
15 g kleine Basilikumblättchen
Salz
frisch gemahlener schwarzer Pfeffer

1 Die Hähnchenbrustfilets erst längs, dann quer halbieren. Das Öl in einer beschichteten Pfanne erhitzen. Das Fleisch darin portionsweise bei mittlerer bis starker Hitze von jeder Seite 3 Minuten goldbraun braten, bis es gar ist. Anschließend auf Servierteller verteilen.

2 Die Tomaten halbieren, in die Pfanne geben und 2 Minuten dünsten. Die Hälfte des Zitronensafts zufügen und untermengen. Dann die Tomaten um das Fleisch herum anrichten.

3 Den Feta abgießen und abtropfen lassen; dabei 2 EL Öl auffangen. Den abgetropften Feta zusammen mit dem Basilikum auf die Teller verteilen.

4 Das aufgefangene Öl und den restlichen Zitronensaft verrühren. Die Mischung mit Salz und Pfeffer würzen und über den vorbereiteten Salat träufeln. Dann servieren.

Nährwerte pro Portion 1927 kJ, 460 kcal, 49 g Eiweiß, 28 g Fett (10 g gesättigte Fettsäuren), 2 g Kohlenhydrate (2 g Zucker), 1 g Ballaststoffe

Pollo mediterráneo ✓

Zwiebeln, Tomaten und rote Paprika bilden die Grundlage der saftigen Gemüsesauce für diesen spanischen Hähnchentopf, der mit würziger Chorizo, sonnengetrockneten Tomaten, Rosmarin und Oliven verfeinert wird. Servieren Sie dazu als Beilage frisches Stangenbrot.

FÜR 4 PERSONEN
Vorbereitung: 15 Minuten
Garzeit: 1 Stunde

2 EL Natives Olivenöl Extra

2 Zwiebeln, grob gehackt

2 Knoblauchzehen, zerdrückt

1 EL frisch gehackter Rosmarin

40 g Chorizo, gepellt und gewürfelt

2 große rote Paprikaschoten, entkernt und grob gewürfelt

4 EL sonnengetrocknete Tomaten, grob gehackt

400 g gehackte Tomaten aus der Dose

3 EL trockener Weißwein

frisch gemahlener schwarzer Pfeffer

4 Hähnchenbrustfilets oder große Hähnchenunterschenkel, ca. 500 g Gesamtgewicht

4 EL entsteinte schwarze oder grüne Oliven

1 Das Öl in einem großen Schmortopf oder einer tiefen Pfanne erhitzen. Zwiebeln, Knoblauch und Rosmarin darin 5–10 Minuten sanft dünsten, bis sie weich und goldbraun geworden sind.

2 Chorizo und Paprika zufügen und alles bei mittlerer Hitze unter Rühren einige Minuten garen, bis die Wurst leicht angebraten ist.

3 Beide Sorten Tomaten und den Wein zufügen. Alles mit Pfeffer würzen, gründlich umrühren und leicht zum Kochen bringen.

4 Das Hähnchenfleisch zufügen und rundum mit Sauce überziehen. Die Sauce aufkochen, dann die Hitze reduzieren und den Topf oder die Pfanne abdecken und das Gericht 25–30 Minuten köcheln lassen, bis das Fleisch gar und die Sauce eingedickt ist.

5 Kurz vor dem Servieren die Oliven unterrühren und in der Sauce erwärmen.

Nährwerte pro Portion 1555 kJ, 372 kcal, 32 g Eiweiß, 20 g Fett (5 g gesättigte Fettsäuren), 15 g Kohlenhydrate (12 g Zucker), 5 g Ballaststoffe

- -

TIPP

Dieses Gericht lässt sich bis zum Ende von Schritt 4 vorbereiten. Anschließend im Kühlschrank aufbewahren oder einfrieren. Vor dem Verzehr behutsam aufwärmen. Die Oliven erst kurz vor dem Servieren zufügen.

- -

Bulgur-Salat mit Huhn und Minze-Dressing

Gegrilltes mediterranes Gemüse und gegrilltes Hähnchenbrustfilet ergeben zusammen mit Bulgur, dem vorgekochten Weizen des Vorderen Orients, und einem aromatischen Dressing eine herrlich unkomplizierte köstliche Mahlzeit.

FÜR 4 PERSONEN

Vorbereitung: 10 Minuten, plus Einweichzeit

Zubereitung: 30 Minuten

200 g Bulgur

400 ml heiße Gemüsebrühe

1 Aubergine, in 1 cm dicken Scheiben

2 Zucchini, in 1 cm dicken Scheiben

1 große gelbe Paprikaschote, entkernt und in breite Streifen geschnitten

3 EL Natives Olivenöl Extra

3 TL Rotweinessig

200 g gegrilltes Hähnchenbrustfilet, gehäutet und in mundgerechten Stücken

400 g Augenbohnen aus der Dose, abgetropft

2 EL frisch gehackte glatte Petersilie

Salz

frisch gemahlener schwarzer Pfeffer

Minzeblätter, zum Garnieren

Für das Dressing

25 g Butter

2 EL frisch gehackte Minze

1 Den Bulgur in eine hitzebeständige Schüssel geben. Die heiße Brühe zugießen und unterrühren. Die Schüssel abdecken und den Bulgur ca. 20 Minuten quellen lassen, bis die Körner weich sind und die Flüssigkeit aufgenommen haben.

2 In der Zwischenzeit den Backofengrill auf mittlere bis hohe Stufe vorheizen. Ein Backblech mit Alufolie auslegen. Aubergine, Zucchini und Paprika darauf verteilen, mit 1 EL Olivenöl bestreichen und 15–20 Minuten grillen, bis das Gemüse weich und gebräunt ist; nach der Hälfte der Zeit wenden und erneut mit 1 EL Olivenöl bestreichen. Das Gemüse regelmäßig kontrollieren, gegarte Stücke vom Blech nehmen.

3 Den Bulgur abtropfen lassen. Das restliche Öl in einer großen Schüssel mit 2 TL Rotweinessig verquirlen. Hähnchenfleisch, Bohnen und Petersilie unterrühren und Bulgur zufügen. Auberginenscheiben halbieren, sehr große Scheiben vierteln. Mit Zucchinischeiben und Paprikastreifen in die Schüssel geben. Alles sorgfältig vermengen und den Salat abschmecken.

4 Für das Dressing die Butter in einem kleinen Topf zerlassen und den restlichen Essig zugeben. Die gehackte Minze unterrühren. Den Salat auf 4 Teller verteilen, mit dem Dressing beträufeln, mit den Minzeblättern garnieren und servieren.

Nährwerte pro Portion 2106 kJ, 503 kcal, 23 g Eiweiß, 24 g Fett (6 g gesättigte Fettsäuren), 57 g Kohlenhydrate (9 g Zucker), 19 g Ballaststoffe

- -

TIPP

Der Salat lässt sich bis einschließlich Schritt 3 bis zu 12 Stunden im Voraus zubereiten, wenn man ihn abgedeckt im Kühlschrank aufbewahrt. 1 Stunde vor dem Servieren herausnehmen und das Dressing erst kurz vor dem Servieren zubereiten.

- -

Hähnchen Marengo

Angeblich hat dieses Gericht Napoleons Küchenchef nach der von den Franzosen gewonnenen Schlacht von Marengo im Jahre 1800 kreiert. Es basiert auf Hähnchenteilen, die in einer deftigen Tomaten-Pilz-Sauce gegart werden. Dazu schmecken Reis, Nudeln oder Kartoffeln.

FÜR 4 PERSONEN
Vorbereitung: 15 Minuten
Garzeit: 45 Minuten

8 Hähnchenteile mit Knochen, ca. 1 kg
   Gesamtgewicht
3 EL Mehl
3 EL Natives Olivenöl Extra
1 rote Zwiebel, fein gehackt
2 Knoblauchzehen, zerdrückt
250 g Champignons, geviertelt
125 ml trockener Weißwein
200 g gehackte Tomaten aus der Dose
2 EL Tomatenmark
1/2 TL Salz

1   Die Hähnchenteile im Mehl wenden. Überschüssiges Mehl abklopfen. 2 EL des Öls in einer beschichteten Pfanne erhitzen und die Hähnchenteile darin bei mittlerer Hitze von jeder Seite 5 Minuten goldbraun anbraten. Dann auf einem Teller beiseitestellen.

2   Das restliche Öl in die Pfanne geben. Zwiebel und Knoblauch darin bei mittlerer Hitze unter Rühren 3–4 Minuten weich dünsten. Dann die Champignons zufügen und 5 Minuten mitdünsten, bis sie weich, aber nicht matschig sind.

3   Den Wein zugießen und aufkochen. Tomaten, Tomatenmark und Salz zufügen und alles abermals aufkochen. Die Hähnchenteile in die Pfanne zurückgeben, die Pfanne abdecken und alles unter gelegentlichem Wenden 20 Minuten kochen, bis die Hähnchenteile gar sind. Mit grünem Spargel und Kartoffeln servieren.

Nährwerte pro Portion 1943 kJ, 464 kcal, 45 g Eiweiß, 24 g Fett (5 g gesättigte Fettsäuren), 12 g Kohlenhydrate (4 g Zucker), 3 g Ballaststoffe

Hühnerfrikassee mit Pilzen und Kräuterpolenta

Wenn Sie Instant-Polenta für die Beilage verwenden, steht dieses Gericht im Handumdrehen auf dem Tisch. Diese Polenta besteht aus vorgegartem Maisgrieß und ist in gut sortierten Lebensmittelgeschäften, Reformhäusern oder italienischen Supermärkten erhältlich.

FÜR 4 PERSONEN

Vorbereitung: 10 Minuten
Garzeit: 15 Minuten

20 g Butter
1 EL Natives Olivenöl Extra
125 g Schalotten oder Zwiebeln,
  fein gehackt
1 Knoblauchzehe, zerdrückt
300 g Champignons, in Scheiben
175 g gemischte Wildpilze, in Scheiben
  oder in mundgerechten Stücken
60 ml trockener Sherry
1 EL Tomatenmark
200 g vorgekochtes Hähnchenfleisch,
  ohne Haut, in mundgerechten Stücken
80 ml Sahne
Salz
frisch gemahlener schwarzer Pfeffer
Glatte Petersilie, zum Garnieren

Käuterpolenta

1 l Hühner- oder Gemüsebrühe
250 g Instant-Polenta
2 EL frisch gehackte glatte Petersilie
Salz
frisch gemahlener schwarzer Pfeffer

1 Butter und Öl in einer großen Pfanne erhitzen. Schalotten bzw. Zwiebeln und Knoblauch darin bei mittlerer Hitze 2 Minuten weich dünsten.

2 Die Pilze zufügen und unter Rühren 3 Minuten braten, bis sie gerade weich werden.

3 Sherry, Tomatenmark und Hähnchenfleisch zufügen. Alles gründlich verrühren, dann die Hitze reduzieren und den Pfanneninhalt gut durcherhitzen.

4 Unterdessen für die Kräuterpolenta die Brühe in einem Topf aufkochen und die Polenta unter Rühren zugeben. Anschließend die Petersilie zufügen, die Hitze auf mittlere Stufe reduzieren und die Polenta 2 Minuten unter Rühren kochen, bis sie eindickt. Dann mit Salz und Pfeffer würzen.

5 Die Sahne unter die Hähnchen-Pilz-Mischung rühren, die Pfanne vom Herd nehmen und den Inhalt mit Salz und Pfeffer abschmecken.

6 Die fertige Polenta auf vier vorgewärmte Teller verteilen. Die Hähnchen-Pilz-Mischung daneben anrichten, alles mit Petersilie garnieren und sofort servieren.

Nährwerte pro Portion 1504 kJ, 359 kcal, 23 g Eiweiß, 19 g Fett (8 g gesättigte Fettsäuren), 21 g Kohlenhydrate (6 g Zucker), 4 g Ballaststoffe

Hähnchen Cacciatore

Falls Sie von diesem Hähnchengericht etwas übrig behalten, sollten Sie die Reste innerhalb von zwei Tagen verzehren. Wenn Sie sie luftdicht verpacken und tiefgekühlt lagern, sind sie bis zu zwei Monate haltbar. Nach dem Aufwärmen eignen sich Reis oder Pasta ideal als Beilage.

FÜR 2 PERSONEN
Vorbereitung: 15 Minuten
Garzeit: 45 Minuten

1 EL Natives Olivenöl Extra
4 Hähnchenschenkel ohne Haut
frisch gemahlener schwarzer Pfeffer
1 kleine Zwiebel, gehackt
1 Selleriestange, in dünnen Scheiben
1 Möhre, gehackt
125 g kleine Champignons, geviertelt
1 Scheibe Speck, Schwarte entfernt und
  fein gewürfelt
60 ml trockener Rotwein oder
  Hühnerbrühe
400 g gehackte Tomaten aus der Dose
2 Lorbeerblätter
1 frischer Rosmarinstängel
3 Stängel frische glatte Petersilie
1 Prise Paprikapulver
frisch gehackte glatte Petersilie,
  zum Garnieren
Stangenbrot, als Beilage

1   Das Öl in einem großen Topf erhitzen. Die Hähnchenschenkel pfeffern, in den Topf geben und bei mittlerer bis hoher Hitze von jeder Seite ca. 3 Minuten anbraten, bis sie rundum gebräunt sind. Dann auf einem Teller beiseitestellen.

2   Die Hitze auf mittlere Stufe reduzieren. Zwiebel, Sellerie, Möhre, Champignons und Speck in den Topf geben und 5 Minuten dünsten, bis die Champignons weich sind.

3   Wein oder Brühe zugießen, die Hitze noch einmal leicht reduzieren und alles 1 Minute köcheln lassen. Dann Tomaten, Lorbeerblätter, Rosmarin- und Petersilienstängel und Paprikapulver zufügen.

4   Die Hähnchenteile in den Topf zurückgeben. Alles abdecken und 30 Minuten köcheln lassen, bis die Hähnchenteile gar sind und beim Einstechen klarer Bratensaft aus dem Fleisch rinnt. Lorbeerblätter, Rosmarin- und Petersilienstängel entfernen. Das fertige Gericht mit gehackter glatter Petersilie bestreuen und sofort mit etwas Stangenbrot servieren.

Nährwerte pro Portion 1394 kJ, 333 kcal, 29 g Eiweiß, 17 g Fett (4 g gesättigte Fettsäuren), 11 g Kohlenhydrate (9 g Zucker), 6 g Ballaststoffe

Estragon-Huhn in Aprikosensauce

Als Beilagen zu diesem fruchtig-nussigen Hühnchengericht sind grüne Bohnen und neue Kartoffeln hervorragend geeignet. Alternativ schmecken auch Reis und Brokkoli perfekt zu dieser köstlichen und zugleich rasch zubereiteten Speise.

FÜR 4 PERSONEN
Vorbereitung: 5 Minuten
Garzeit: 20 Minuten

4 Hähnchenbrustfilets à ca. 120 g
90 g Dijon-Senf
1 EL Oliven- oder Rapsöl
120 g getrocknete Aprikosen,
  in Scheiben
6 frische Estragonstängel
Saft von 2 Orangen
50 g Pinienkerne

1 Den Backofengrill auf höchste Stufe vorheizen. Die Hähnchenbrustfilets von einer Seite mit der Hälfte des Senfs bestreichen. Das Fleisch umdrehen und den restlichen Senf auf der Unterseite der Filets verstreichen. Anschließend das Fleisch in einen Bräter geben, mit dem Öl beträufeln und 10 Minuten grillen.

2 Die Filets wenden und weitere 5 Minuten grillen. Dann Aprikosen und Estragon zufügen. Den Orangensaft zugießen und das Fleisch weitere 5 Minuten grillen, bis es gar ist.

3 Die Pinienkerne über das Gericht streuen und alles noch weitere 30 Sekunden grillen, bis die Pinienkerne leicht angeröstet sind.

Nährwerte pro Portion 1813 kJ, 433 kcal, 28 g Eiweiß, 27 g Fett (5 g gesättigte Fettsäuren), 20 g Kohlenhydrate (17 g Zucker), 3 g Ballaststoffe

TIPP

Ersetzen Sie den Estragon nach Belieben durch 1–2 Stängel Rosmarin oder verwenden Sie 1 TL getrockneten Estragon, falls frischer nicht erhältlich ist.

Grill-Pizza mit Huhn und Paprika

Hier wird eine Art Pizza auf dem Grill zubereitet, wobei der Grill fürs gewöhnliche Pizzabacken so ungewöhnlich ist wie die statt Teig verwendeten Pitabrote. Die Vollkorn-Pitas liefern zusätzliche Nähr- und Ballaststoffe, die in der Kleie und den Keimen der Getreidekörner enthalten sind.

FÜR 4 PERSONEN
Vorbereitung: 20 Minuten
Garzeit: 25 Minuten

Pflanzenöl, in einen Ölsprüher gefüllt
250 g Hähnchenbrustfilet
½ TL Salz
¼ TL schwarzer Pfeffer
2 rote Zwiebeln, in breiten Ringen
2 rote Paprikaschoten, längs geviertelt
4 Vollkorn-Pitabrote, ca. 15 cm Ø
60 g fettarmer Feta, zerbröselt
15 g frisch gehackte Minze

1 Einen Grillrost mit Öl besprühen und den Grill auf mittlere Hitze vorheizen. Das Hähnchenbrustfilet mit Salz und Pfeffer würzen, auf den Rost legen und von jeder Seite 4 Minuten grillen, bis es gar ist. Leicht abkühlen lassen, dann in mundgerechte Stücke zupfen.

2 Die Zwiebelringe und die Paprikaviertel mit der Hautseite nach unten auf den Rost legen und 10 Minuten grillen, bis die Zwiebeln weich und die Paprika auf der Hautseite schwarz geworden sind. Leicht abkühlen lassen. Dann die Paprikastücke häuten und in breite Streifen schneiden.

3 Die Pitabrote mit den Zwiebelringen, den Paprikastreifen, den Hähnchenstücken und dem Feta belegen. Alles erneut auf den Grill legen und 4 Minuten grillen, bis das Brot knusprig geworden ist. Noch heiß mit Minze bestreut servieren.

Nährwerte pro Portion 1360 kJ, 325 kcal, 25 g Eiweiß, 8 g Fett (3 g gesättigte Fettsäuren), 35 g Kohlenhydrate (6 g Zucker), 5 g Ballaststoffe

- -

TIPP

Wenn das Grillen unter freiem Himmel nicht möglich ist, können Sie die Hähnchenbrustfilets und das Gemüse auch im Backofen grillen. Achten Sie in diesem Fall aber darauf, dass Sie die Paprika mit der Hautseite nach oben in Richtung der Heizspirale in den Backofen legen.

- -

Marokkanisches Schmorhuhn

Bei diesem aus Marokko stammenden Gericht, für das Hähnchenbrustfilets geschmort werden, sorgen Aprikosen, Sellerie, Kichererbsen, Zitronensaft und -schale sowie frischer Koriander für einen ganz besonderen nordafrikanischen Geschmack.

FÜR 4 PERSONEN
Vorbereitung: 15 Minuten,
  plus 10 Minuten Einweichzeit
Garzeit: 35 Minuten

45 g getrocknete Aprikosen
250 ml kochendes Wasser
1 EL Natives Olivenöl Extra
4 Hähnchenbrustfilets
1 große Zwiebel, fein gehackt
6 Knoblauchzehen, zerdrückt
2 Selleriestangen, in dünnen Scheiben
400 g Kichererbsen aus der Dose,
  abgespült und abgetropft
400 g gehackte Tomaten aus der Dose
fein abgeriebene Schale von
  1 unbehandelten Zitrone
1½ TL Zitronensaft
2 TL gemahlener Koriander
Salz
frisch gemahlener schwarzer Pfeffer
1½ EL frisch gehackter Koriander
Fladenbrot, als Beilage

1 Die Aprikosen in einer hitzebeständigen Schüssel mit dem kochenden Wasser übergießen. 10 Minuten einweichen lassen, dann abgießen. Das Einweichwasser aufbewahren. Die Aprikosen hacken und beiseitestellen.

2 Das Öl in einer großen tiefen Pfanne oder einem Schmortopf erhitzen. Die Hähnchenbrustfilets darin bei mittlerer Hitze 3–4 Minuten rundum braun anbraten. Dann auf einem Teller beiseitestellen.

3 Zwiebel und Knoblauch in die Pfanne geben und unter Rühren 5–7 Minuten dünsten, bis die Zwiebel weich wird. Den Sellerie zufügen und 3 Minuten mitdünsten, dann die Aprikosen mit dem Einweichwasser, den Kichererbsen, den Tomaten, der Zitronenschale und dem -saft sowie dem gemahlenen Koriander unterrühren und alles mit Salz und Pfeffer würzen.

4 Die Mischung aufkochen, dann das Fleisch wieder in die Pfanne geben, die Hitze auf niedrigste Stufe reduzieren, die Pfanne abdecken und alles 15–20 Minuten köcheln lassen, bis das Fleisch gar ist. Das fertige Gericht abschmecken, bei Bedarf nachwürzen und den frischen Koriander einrühren. Das Gericht mit etwas Fladenbrot als Beilage servieren.

Nährwerte pro Portion 1588 kJ, 379 kcal, 42 g Eiweiß, 15 g Fett (4 g gesättigte Fettsäuren), 19 g Kohlenhydrate (10 g Zucker), 7 g Ballaststoffe

Gebratene Wachteln mit Couscous

Für dieses orientalische Gericht benötigen Sie eine nordafrikanische Gewürzmischung namens Ras el-Hanout. Je nach Hersteller enthält sie um die 25 verschiedene Gewürze, deren Anteile variieren können. Gut sortierte Supermärkte führen sie in ihrer Gewürzabteilung.

FÜR 2 PERSONEN
Vorbereitung: 15 Minuten
Garzeit: 15 Minuten

2 große küchenfertige Wachteln
  à ca. 200 g
1 TL Ras el-Hanout
1 EL Natives Olivenöl Extra
160 ml Hühnerbrühe
100 g grüne Bohnen, schräg in Scheiben
  geschnitten
100 g Instant-Couscous
40 g getrocknete Aprikosen, gehackt
2 EL Mandelsplitter
1 EL frisch gehackter Koriander oder
  frisch geschnittener Schnittlauch

1 Die Wachteln mit der Brust nach unten auf die Arbeitsfläche legen. Mit einer Küchenschere zu beiden Seiten des Rückgrats entlangschneiden. Das Rückgrat auslösen und wegwerfen. Die Wachteln aufspreizen und zwischen den Brüsten durchtrennen. Anschließend auf der Hautseite mit der Gewürzmischung würzen.

2 Die Hälfte des Öls in einer Pfanne erhitzen. Die Wachtelhälften mit der Hautseite nach unten hineingeben und bei mittlerer Hitze 5 Minuten braten, bis die Haut gebräunt ist. Dann umdrehen, die Pfanne abdecken und die Wachteln weitere 7 Minuten braten, bis sie gar sind.

3 Unterdessen die Brühe in einen kleinen Topf geben. Den Topf abdecken und die Brühe aufkochen. Wenn die Brühe kocht, den Herd ausschalten, rasch den Deckel abheben und Bohnen, Couscous und Aprikosen hineingeben. Den Deckel wieder schließen und den Topf kurz schwenken, um den Inhalt gleichmäßig zu verteilen. Alles 5 Minuten ziehen lassen, bis der Couscous die Flüssigkeit aufgesogen hat.

4 Die Mandelsplitter in einer fettfreien Pfanne bei mittlerer Hitze etwa 1 Minute unter Rühren rösten, bis sie leicht gebräunt sind.

5 Den fertigen Couscous mit dem restlichen Öl beträufeln und mit einer Gabel auflockern. Leicht abkühlen lassen, dann die Mandelsplitter unterheben. Den Couscous auf einem Servierteller verteilen, die Wachtelhälften darauf anrichten und alles mit Koriander oder Schnittlauch bestreuen.

Nährwerte pro Portion 2367 kJ, 565 kcal, 32 g Eiweiß, 27 g Fett (5 g gesättigte Fettsäuren), 49 g Kohlenhydrate (10 g Zucker), 5 g Ballaststoffe

Wildpilz-Risotto mit Entenbrust

Dieses köstliche Gericht steckt voller intensiver Aromen. Arborio-Reis, ein spezieller Risotto-Reis, nimmt den kräftigen Geschmack von Pilzen, Kräutern, Wein und Brühe besonders gut auf. Die Entenbrust verwandelt den Risotto in ein wahres Festessen.

FÜR 4 PERSONEN

Vorbereitung: 15 Minuten,
   plus 20 Minuten Einweichzeit
Garzeit: 45 Minuten

10 g getrocknete Steinpilze
250 ml kochendes Wasser
750 ml heiße Gemüsebrühe
2 EL Natives Olivenöl Extra
2 Entenbrüste, ca. 350 g Gesamtgewicht,
   die Haut entfernt
1 rote Zwiebel, fein gehackt
1 Knoblauchzehe, zerdrückt
325 g Arborio-Reis
150 ml trockener Weißwein
fein abgeriebene Schale von
   1 unbehandelten Zitrone
2 TL frisch gehackter Thymian
20 g Butter
500 g frische gemischte Pilze,
   z. B. Steinpilze, Austernpilze und
   Shiitake-Pilze, große Exemplare in
   Scheiben geschnitten
10 g frisch gehackte glatte Petersilie
Salz
frisch gemahlener schwarzer Pfeffer

1 Die getrockneten Pilze in einer hitzebeständigen Schüssel mit dem kochenden Wasser übergießen und 20 Minuten einweichen. Dann abgießen; das Einweichwasser aufbewahren. Die Pilze fein hacken und beiseitestellen. Das Wasser in einen Topf abseihen. Die heiße Brühe zufügen und bei geringer Hitze warm halten.

2 Eine Pfanne mit 1 TL des Öls einfetten und bei starker Hitze heiß werden lassen. Die Entenbrüste hineingeben, die Hitze reduzieren und 8–12 Minuten braten, bis sie gar sind. Das Fleisch aus der Pfanne nehmen und 10 Minuten an einem warmen Ort ruhen lassen, dann in Scheiben schneiden und weiter warm halten.

3 Inzwischen 1 EL des restlichen Öls in einem Topf erhitzen. Zwiebel und Knoblauch darin 4–5 Minuten sanft dünsten, bis sie weich sind. Den Reis zufügen und 1 Minute unter Rühren mitdünsten.

4 Den Wein zugießen und köcheln lassen, bis der Reis die Flüssigkeit fast vollständig absorbiert hat. Dann Zitronenschale, Thymian und die eingeweichten Pilze zufügen und eine Kelle voll Brühe zugießen. Diese unter ständigem Rühren köcheln lassen, bis sie fast vollständig vom Reis absorbiert wurde. Diesen Vorgang wiederholen, bis die ganze Brühe verbraucht ist; die Gesamtkochzeit beträgt ca. 20–30 Minuten. Der Risotto ist fertig, wenn er eine cremige Konsistenz gebildet hat und die Reiskörner zart, aber noch bissfest sind.

5 Etwa 5 Minuten vor Ende der Garzeit die Butter und das restliche Öl in einer Pfanne erhitzen. Die frischen Pilze darin bei starker Hitze 4 Minuten braten, bis sie gar sind. Die frischen Pilze und die vorbereitete Entenbrust mit dem gesamten ausgetretenen Fleischsaft zum Risotto geben und unterrühren. Die Petersilie zufügen und alles mit Salz und Pfeffer würzen. Dann den Topf abdecken und den Risotto vor dem Servieren 5 Minuten ruhen lassen.

Nährwerte pro Portion 2521 kJ, 602 kcal, 29 g Eiweiß, 18 g Fett (5 g gesättigte Fettsäuren), 72 g Kohlenhydrate (5 g Zucker), 7 g Ballaststoffe

Spaghetti mit Fleischklößchen

Diese klassischen italienischen Fleischklößchen werden durch in Milch eingeweichtes Brot besonders locker und davor bewahrt, trocken zu werden. Dass sie in der Tomaten-Basilikum-Sauce garen, verleiht ihnen ein intensives Aroma.

FÜR 6 PERSONEN
Vorbereitung: 20 Minuten
Zubereitung: 20 Minuten

3 dicke Scheiben Weißbrot, ohne Kruste
125 ml Milch
500 g Hackfleisch halb und halb
100 g geriebener Parmesan
3 EL frisch gehackte glatte Petersilie
frisch gemahlener schwarzer Pfeffer
1 Knoblauchzehe, zerdrückt
3 EL Natives Olivenöl Extra
1 kleine Zwiebel, fein gehackt
600 g passierte Tomaten aus der Dose
375 ml Wasser
3 EL frisch gehacktes Basilikum, plus
    einige Blättchen zum Servieren
500 g Spaghetti

1 Das Brot in kleine Stücke zupfen, in eine Schüssel geben und mit der Milch übergießen. 10 Minuten einweichen, dann mit einer Gabel fein zerdrücken.

2 Hackfleisch, Parmesan und Petersilie in eine große Schüssel geben, mit Pfeffer würzen, dann die Brotmasse und den Knoblauch zufügen. Mit den Händen zu einem festen Teig verkneten. Jeweils 1 EL der Masse zwischen den angefeuchteten Handflächen zu einem Klößchen formen. Die Klößchen auf einem Teller kalt stellen.

3 Das Olivenöl in einem großen Topf erhitzen. Die Zwiebel darin bei mittlerer Hitze glasig dünsten, die passierten Tomaten zugeben und mit dem Wasser und Basilikum verrühren. Unter gelegentlichem Rühren 5 Minuten leicht köcheln lassen.

4 Die Fleischklößchen vorsichtig in die Sauce legen und etwa 12 Minuten mitköcheln, bis sie gar sind; dabei, wenn nötig, einmal wenden.

5 Währenddessen die Spaghetti in kochendem Salzwasser nach Anleitung bissfest garen. Gut abtropfen lassen, dann mit den Fleischklößchen und der Sauce servieren und mit ein paar Basilikumblättchen garnieren.

Nährwerte pro Portion 2623 kJ, 627 kcal, 36 g Eiweiß, 22 g Fett (8 g gesättigte Fettsäuren), 69 g Kohlenhydrate (7 g Zucker), 5 g Ballaststoffe

Gefüllte Paprikaschoten

Große feste Paprikaschoten sind als Hülle für diese köstliche Hackfleisch-Tomaten-Füllung am besten geeignet. Alternativ lassen sich auch Zucchini mit dieser Mischung füllen. Reichen Sie für eine vollwertige Mahlzeit einen Salat als Beilage.

FÜR 4 PERSONEN
Vorbereitung: 15 Minuten
Garzeit: 1 Stunde

50 g frische Semmelbrösel
4 große gelbe Paprikaschoten
1 EL Natives Olivenöl Extra
1 Zwiebel, fein gehackt
350 g mageres Rinderhack
1 Knoblauchzehe
200 g gehackte Tomaten aus der Dose
1 EL frisch gehackter Salbei oder
　1 TL getrockneter Salbei
1 TL frisch gehackter Rosmarin oder
　1/2 TL getrockneter Rosmarin
300 ml heiße Gemüsebrühe
Salz
frisch gemahlener schwarzer Pfeffer
3 EL geriebener mittelalter Gouda
2 Fenchelknollen, längs in dünne
　Scheiben geschnitten

1　Den Backofen auf 190 °C vorheizen. Die Semmelbrösel auf einem Teller ausbreiten und etwas antrocknen lassen, während die restlichen Zutaten vorbereitet werden.

2　Den Stielansatz der Paprika abschneiden, und die Paprika entkernen. Paprika und Stielansatz 1 Minute in kochendem Wasser blanchieren, dann herausheben und auf Küchenpapier abtropfen lassen.

3　Das Öl in einer Pfanne erhitzen. Die Zwiebel darin bei mittlerer Hitze unter Rühren 10 Minuten weich dünsten. Die Hitze erhöhen und Hackfleisch sowie Knoblauch zufügen und unter Rühren rundum braun anbraten. Tomaten, Kräuter und 3 EL der Brühe zugeben. Alles 1 weitere Minute braten, dann vom Herd nehmen. Die Semmelbrösel unterrühren und das Fleisch mit Salz und Pfeffer würzen.

4　Die Paprika in eine eingeölte Auflaufform stellen, mit der Hackfleischmischung füllen und mit dem geriebenen Käse bestreuen. Die Stielansätze obenauf setzen. Um die Paprikaschoten die Fenchelscheiben verteilen und den Rest der Brühe zugießen.

5　Die Form mit Alufolie abdecken und das Gericht 40 Minuten im Backofen garen, bis Fenchel und Paprika weich geworden sind. Heiß oder warm servieren.

Nährwerte pro Portion 1287 kJ, 308 kcal, 25 g Eiweiß, 14 g Fett (5 g gesättigte Fettsäuren), 19 g Kohlenhydrate (11 g Zucker), 5 g Ballaststoffe

- -

TIPP

Statt der Paprika können Sie auch 4 große Zucchini (à ca. 200 g) verwenden. Diese längs halbieren, das Fruchtfleisch mit einem Teelöffel auskratzen und die Zucchini mit der Hackfleischmischung füllen. In die Auflaufform legen, mit dem Käse bestreuen, mit Alufolie abdecken und 40 Minuten im Backofen garen. Die Folie entfernen und die Zucchini weitere 10 Minuten backen.

- -

Fleischbällchen in Kapernsauce

Mit Sardellen, Zitrone und Petersilie werden in diesem Rezept gewöhnliche Fleischklößchen exquisit verfeinert, und die Kapernsauce verleiht ihnen noch mehr delikate Würze. Dazu passen ausgezeichnet Reis und ein knackiger gemischter Salat.

ERGIBT 20 FLEISCHBÄLLCHEN

Vorbereitung: 30 Minuten, plus
  1 Stunde Kühlzeit
Zubereitung: 30 Minuten

300 g mageres Lenden- oder Rumpsteak
300 g mageres Schweinefilet
50 g Sardellen aus der Dose, abgetropft,
  trocken getupft und fein gehackt
30 g frische Semmelbrösel
1 Ei, aufgeschlagen
fein abgeriebene Schale von
  1 unbehandelten Zitrone
6 EL Petersilie, gehackt
schwarzer Pfeffer

Für die Sauce:
500 ml Hühner- oder Fleischbrühe
170 ml trockener Weißwein
150 g Naturjoghurt
2 EL Weizenmehl
2 EL Kapern, abgetropft

1 Das Fleisch zunächst längs in dünne Streifen, dann quer in kleine Würfel schneiden und zuletzt fein hacken.

2 In einer großen Schüssel das Fleisch, die Sardellen, Semmelbrösel, Ei, Zitronenschale und 5 EL Petersilie mischen. Nur mit Pfeffer würzen (die Sardellen enthalten viel Salz).

3 Mit den Händen die Mischung zu 20 Fleischbällchen in Walnussgröße rollen. In eine Schüssel legen, mit Frischhaltefolie bedecken und 1 Stunde kühl stellen, damit sich der Geschmack entfaltet.

4 Für die Sauce Brühe und Wein in eine große Pfanne oder einen Wok gießen und aufkochen, dann die Temperatur reduzieren. Die Fleischbällchen zufügen und ohne Deckel 20 Minuten ziehen lassen. Dabei ein- oder zweimal wenden. Auf keinen Fall kochen lassen, sonst zerfallen die Bällchen. Diese mit dem Schaumlöffel herausnehmen, auf Küchenpapier abtrocknen und warm halten. Die Brühe weiter köcheln lassen.

5 Joghurt und Mehl in einer kleinen Schüssel glatt rühren, dann langsam in die köchelnde Brühe einrühren. Die Hitze erhöhen und so lange weiterrühren, bis die Sauce anfängt zu kochen, dann ausschalten, die Kapern zufügen und 3 Minuten ziehen lassen.

6 Die Sauce mit Pfeffer würzen, über die Fleischbällchen gießen, mit der restlichen Petersilie bestreuen und servieren.

Nährwerte pro Portion 1515 kJ, 362 kcal, 43 g Eiweiß, 10 g Fett (4 g gesättigte Fettsäuren), 15 g Kohlenhydrate (6 g Zucker), 1 g Ballaststoffe

Orientalischer Rindfleischeintopf

Dieses nordafrikanische Eintopfgericht wird traditionell in einer Tajine zubereitet. Das ist ein aus Lehm gebrannter Schmorkochtopf mit einem gewölbten oder konisch zulaufenden Deckel, der die Hitze im Topfinnern gut verteilt, sodass die darin zubereiteten Speisen schonend garen.

FÜR 4 PERSONEN
Vorbereitung: 15 Minuten
Garzeit: 4 1/2 Stunden

300 g Schmorfleisch vom Rind
1 EL gemahlener Kreuzkümmel
1 EL Zimtpulver
1 EL Paprikapulver
3 TL gemahlener Ingwer
1/2 TL frisch gemahlene Muskatnuss
1/2 TL gemahlener Kardamom
1/2 TL Pimentpulver
1 Prise Nelkenpulver
1 EL Natives Olivenöl Extra
1 große Zwiebel, gewürfelt
1 kleines Bund Koriander (ca. 75 g),
   die Blätter abgezupft, die Stiele
   fein gehackt
1 große Möhre, gewürfelt
400 ml Gemüsebrühe oder Wasser
400 g Kichererbsen aus der Dose,
   abgetropft und abgespült
400 g gehackte Tomaten aus der Dose
1 kleine Zucchini, gewürfelt
1 kleine rote oder gelbe Paprikaschote,
   gewürfelt
60 g entsteinte Backpflaumen
50 g entsteinte Datteln
60 g entsteinte grüne Oliven, halbiert
1/2 marokkanische Salzzitrone
2 EL gehobelte Mandeln, leicht geröstet

1 Das Fleisch in mundgerechte Stücke schneiden und in eine Glasschale geben. Die Gewürze mischen, in die Schale geben und das Fleisch rundum damit überziehen.

2 Den Backofen auf 120 °C vorheizen. Das Olivenöl in einem fest verschließbaren Schmortopf erhitzen. Die Zwiebel und den Großteil des Korianders darin 5 Minuten dünsten, bis die Zwiebel weich wird. Die Möhre zugeben und alles weitere 2 Minuten dünsten. Anschließend das Fleisch zufügen und 5 Minuten unter Rühren rundum braun anbraten.

3 Die Brühe zugießen und alles gründlich verrühren, um eventuellen Bratensatz vom Topfboden zu lösen. Dann Kichererbsen und Tomaten einrühren. Den Topf abdecken und den Eintopf 2 Stunden im Backofen garen.

4 Den Topf aus dem Ofen nehmen und Zucchini, Paprika, Backpflaumen, Datteln, Oliven und die Salzzitrone zufügen und gut unterrühren. Alles erneut abdecken und abermals für 1 Stunde in den Backofen geben. Dann den Deckel abnehmen und den Eintopf 1 weitere Stunde schmoren lassen, bis das Fleisch so zart ist, dass es fast von selbst auseinanderfällt. Während des Garens immer wieder nach dem Eintopf sehen – falls er zu trocken wird, etwas Wasser zugießen.

5 Den fertigen Eintopf mit Mandeln und dem restlichen Koriander bestreuen und sofort servieren.

Nährwerte pro Portion 1661 kJ, 397 kcal, 26 g Eiweiß, 16 g Fett (3 g gesättigte Fettsäuren), 41 g Kohlenhydrate (23 g Zucker), 11 g Ballaststoffe

Rumpsteak Puttanesca

Ein schlichtes Rumpsteak erhält in diesem raffinierten Rezept dank einer einfachen, aber außerordentlich köstlichen Tomatensauce reichlich Pep. Als Beilagen eignen sich besonders gut ein knackiger Salat und knuspriges Stangenbrot.

FÜR 4 PERSONEN
Vorbereitung: 10 Minuten
Garzeit: 20 Minuten

25 g Sardellenfilets aus der Dose,
  abgetropft
2 EL fettarme Milch
2 EL Natives Olivenöl Extra
1 rote Zwiebel, grob gehackt
2 Knoblauchzehen, zerdrückt
1 rote Chilischote, entkernt und
  fein gehackt
350 g Kirschtomaten, halbiert
2 EL Kapern, abgespült und ausgedrückt
1 TL getrockneter Oregano
4 magere Rumpsteaks à ca. 125 g
frisch gemahlener schwarzer Pfeffer

1 Die Sardellen flach in eine kleine Schale legen. Die Milch zugießen und die Sardellen darin ziehen lassen, während die restlichen Zutaten für die Sauce vorbereitet werden. Auf diese Weise wird den Sardellen ein Teil des Salzes entzogen, wodurch ihr Geschmack etwas milder wird.

2 In einer Pfanne 1 EL des Olivenöls erhitzen. Die Zwiebel darin 3–4 Minuten weich dünsten.

3 Den Knoblauch und die Chilischote einrühren, dann Tomaten, Kapern und Oregano zufügen. Die Sardellen abgießen, grob hacken und mit in die Pfanne geben. Alles verrühren und 5 Minuten dünsten, bis die Tomaten gerade weich geworden sind. Die fertige Sauce in einer vorgewärmten Schüssel beiseitestellen.

4 Die Pfanne ausspülen und erneut auf dem Herd erhitzen. Die Steaks von beiden Seiten mit dem restlichen Öl bestreichen und mit Pfeffer würzen. Dann bei mittlerer bis hoher Hitze braten; 2–3 Minuten von jeder Seite für ein englisch gebratenes und 4–6 Minuten von jeder Seite für ein medium gebratenes Steak.

5 Die Sauce zu den Steaks in die Pfanne zurückgießen und noch einmal gut erhitzen. Sofort mit den Steaks servieren.

Nährwerte pro Portion 1102 kJ, 263 kcal, 28 g Eiweiß, 15 g Fett (4 g gesättigte Fettsäuren), 4 g Kohlenhydrate (3 g Zucker), 2 g Ballaststoffe

Stifado

Stifado ist ein klassisches Eintopfgericht aus Griechenland, das aus Rindfleisch, Zwiebeln, Artischockenherzen, dicken Bohnen, neuen Kartoffeln und köstlichen Kalamata-Oliven zubereitet wird. Als Beilage eignet sich ein knackiger grüner Salat.

FÜR 4 PERSONEN
Vorbereitung: 20 Minuten
Garzeit: 1 3/4 Stunden

300 g Silberzwiebeln oder Schalotten
200 g tiefgekühlte dicke Bohnen, aufgetaut
1 EL Natives Olivenöl Extra
500 g mageres Schmorfleisch vom Rind, in mundgerechten Stücken
2 Knoblauchzehen, zerdrückt
1/2 TL gemahlener Kreuzkümmel
1/2 TL Zimtpulver
400 g gehackte Tomaten aus der Dose
400 ml Rotwein
1 Lorbeerblatt
350 g kleine neue Kartoffeln, abgebürstet, große Exemplare halbiert
400 g Artischockenherzen aus der Dose, abgegossen und halbiert
60 g Kalamata-Oliven, entsteint und grob gehackt
Salz
frisch gemahlener schwarzer Pfeffer

1 Spitzen und Wurzelansätze der Zwiebeln abschneiden. Die Zwiebeln in eine große Schüssel geben, mit kochendem Wasser übergießen und 2 Minuten ziehen lassen, damit sich die Schalen leichter ablösen lassen.

2 Die zähe Außenhaut der Bohnen entfernen. Dazu die Haut an einem Ende mit den Fingernägeln leicht einritzen und den Kern herausdrücken. Die Bohnenhäute wegwerfen, die Kerne beiseitestellen.

3 Das Öl in einem großen Schmortopf erhitzen. Das Fleisch zugeben und bei mittlerer Hitze unter Rühren 8 Minuten anbraten, bis die Stücke rundum leicht gebräunt sind.

4 Die eingeweichten Zwiebeln schälen und zum Fleisch in den Topf geben. Unter Rühren 5 Minuten mitbraten, bis auch sie leicht gebräunt sind. Dann den Knoblauch und die Gewürze zufügen.

5 Die Tomaten und den Rotwein zugeben und alles aufkochen. Das Lorbeerblatt zufügen, die Hitze reduzieren, den Topf abdecken und das Gericht 1 Stunde lang sanft köcheln lassen.

6 Die Kartoffeln in den Topf geben und das Gericht abgedeckt weitere 30 Minuten köcheln lassen, bis die Kartoffeln gar sind. Nun Artischockenherzen, Bohnen und Oliven zufügen und weitere 5 Minuten kochen, bis alle Zutaten gleichmäßig erhitzt sind. Den fertigen Eintopf vor dem Servieren mit Salz und Pfeffer würzen.

Nährwerte pro Portion 1921 kJ, 459 kcal, 36 g Eiweiß, 13 g Fett (4 g gesättigte Fettsäuren), 32 g Kohlenhydrate (5 g Zucker), 8 g Ballaststoffe

Lasagne

Die aus der italienischen Küche stammende, weltweit beliebte Lasagne ist ein klassischer, mit Käse überbackener Auflauf. Mageres Fleisch, fettarme Milch und viele verschiedene Gemüsesorten machen diese Variante zu einem nicht nur sättigenden, sondern auch gesunden Gericht.

FÜR 4 PERSONEN
Vorbereitung: 20 Minuten
Garzeit: 1³/4 Stunden

2 EL Natives Olivenöl Extra
1 große Zwiebel, fein gehackt
4 Möhren, geschält und fein gehackt
2 Selleriestangen, fein gehackt
2 Knoblauchzehen, zerdrückt
350 g mageres Rinderhack
150 g kleine Champignons, fein gehackt
300 ml Rindfleischbrühe
150 ml Rotwein oder zusätzliche
    Rindfleischbrühe
400 g gehackte Tomaten aus der Dose
2 EL Tomatenmark
1 TL getrockneter Oregano oder
    italienischer Kräutermix
10 g frisch gehackte glatte Petersilie
Salz
frisch gemahlener schwarzer Pfeffer
10 Lasagneblätter ohne Vorkochen
40 g mittelalter Gouda, gerieben

Für die Béchamelsauce
30 g Speisestärke
600 ml fettarme Milch
1 Prise frisch geriebene Muskatnuss
Salz
frisch gemahlener schwarzer Pfeffer

1 Das Öl bei geringer Hitze in einem Topf erhitzen. Die Zwiebel darin 5 Minuten dünsten. Möhren, Sellerie und Knoblauch zufügen und unter Rühren weitere 5 Minuten dünsten, bis die Zwiebel weich ist.

2 Die Hitze erhöhen, das Hackfleisch zufügen und unter Rühren zerkrümeln und braten, bis es rundum gebräunt ist.

3 Die Champignons zugeben und 1 Minute mitbraten. Dann Brühe und Wein zugießen, Tomaten, Tomatenmark und die getrockneten Kräuter zufügen und alles aufkochen. Den Topf abdecken und die Bolognese bei geringer Hitze unter gelegentlichem Rühren 45 Minuten köcheln lassen. Nun die Petersilie einrühren und alles mit Salz und Pfeffer würzen. Den Backofen auf 180 °C vorheizen.

4 Für die Béchamelsauce die Stärke mit etwas Milch zu einer glatten Paste verrühren. Die restliche Milch in einem Topf aufkochen. Ein wenig von der heißen Milch unter Rühren zu der Stärkemischung geben und diese dann zur restlichen Milch in den Topf gießen. Die Sauce abermals aufkochen und unter Rühren eindicken lassen. Dann die Hitze reduzieren und 2 Minuten köcheln lassen. Den Muskat einrühren und die Sauce mit Salz und Pfeffer würzen.

5 Die Hälfte der Bolognesesauce auf dem Boden einer Auflaufform (3 l Volumen) verteilen. Die Hälfte der Lasagneplatten darüberlegen und mit der restlichen Bolognesesauce übergießen. Eine weitere Schicht Lasagneplatten auf der Sauce verteilen und diese gleichmäßig mit der Béchamelsauce übergießen. Abschließend den Gouda darüberstreuen.

6 Die so vorbereitete Lasagne in den vorgeheizten Backofen geben und 45 Minuten garen, bis der Käse Blasen wirft und leicht gebräunt ist. Vor dem Servieren 10 Minuten ruhen lassen.

Nährwerte pro Portion 2518 kJ, 602 kcal, 38 g Eiweiß, 20 g Fett (6 g gesättigte Fettsäuren), 62 g Kohlenhydrate (20 g Zucker), 7 g Ballaststoffe

Fettarmes Pastitsio

Pastitsio ist ein klassisches Auflaufgericht aus der griechischen Küche. Üblicherweise enthält es zusätzlich noch zwei Schichten Käse, auf die bei unserer vergleichsweise leichten Variante allerdings verzichtet wird – was dem Geschmack keinerlei Abbruch tut.

FÜR 4 PERSONEN
Vorbereitung: 20 Minuten
Garzeit: 1¹/₂ Stunden

200 g Penne
Pflanzenöl, in einen Ölsprüher gefüllt
1 Zwiebel, fein gehackt
300 g mageres Rinderhack
2 Knoblauchzehen, zerdrückt
2 Möhren, fein gewürfelt
1 Selleriestange, fein gewürfelt
100 g Champignons, fein gewürfelt
125 ml Rotwein
1 TL gekörnte Rindfleischbrühe
800 g gehackte Tomaten aus der Dose
250 g passierte Tomaten
1 TL getrockneter Oregano
2 Lorbeerblätter
30 g Speisestärke
500 ml Magermilch
1 Prise frisch gemahlene Muskatnuss
125 g Magerquark
Salz
frisch gemahlener weißer Pfeffer

1 Den Backofen auf 180 °C vorheizen. Die Penne gemäß Packungsanweisung bissfest kochen, dann abgießen und beiseitestellen.

2 Unterdessen den Boden eines Topfes mit Öl besprühen. Die Zwiebel darin bei mittlerer Hitze und unter Rühren weich dünsten. Das Hackfleisch zufügen und rundum anbräunen. Nun Knoblauch, Möhren, Sellerie und Champignons zufügen und unter Rühren 2–3 Minuten mitbraten.

3 Das Gericht mit Rotwein ablöschen. Die Hitze reduzieren und den Topfinhalt 5 Minuten köcheln lassen, bis ein Großteil des Weins verdunstet ist. Gekörnte Brühe, gehackte und passierte Tomaten, Oregano und Lorbeerblätter zufügen. Alles noch einmal aufkochen, dann die Hitze wieder reduzieren und den Topfinhalt 25–30 Minuten köcheln lassen, bis er eingedickt ist.

4 Die vorgekochten Penne in eine Auflaufform (2 l Volumen) geben. Die Fleischsauce darübergießen und mit einem Löffel glatt streichen.

5 Die Stärke mit 80 ml Milch vermengen. Die restliche Milch in einem kleinen Topf bei mittlerer Hitze zum Köcheln bringen. Die Stärkemischung unter Rühren zugießen und so lange weiterrühren, bis die Sauce eingedickt ist. Dann Muskat und Quark einrühren und alles mit Salz und Pfeffer würzen. Die fertige weiße Sauce über die Fleischsauce in der Form gießen und den so vorbereiteten Auflauf 35 Minuten backen, bis er goldbraun ist. Vor dem Servieren 10 Minuten ruhen lassen.

Nährwerte pro Portion 2081 kJ, 497 kcal, 33 g Eiweiß, 11 g Fett (4 g gesättigte Fettsäuren), 62 g Kohlenhydrate (19 g Zucker), 7 g Ballaststoffe

Kalbsschnitzel mit Kartoffeln und Spinat

Die Kräuter verleihen diesem Gericht eine Extraportion Nährstoffe. Stellen Sie sich dazu Ihre Lieblings-mischung zusammen. Wichtig ist, die Kräuter immer erst kurz vor dem Servieren zu hacken und zum Gericht zu geben, damit so viele Nährstoffe wie möglich erhalten bleiben.

FÜR 4 PERSONEN

Vorbereitung: 25 Minuten
Garzeit: 20 Minuten

1 kg neue Kartoffeln, abgebürstet
4 Kalbsschnitzel à ca. 140 g
2 EL Mehl
Salz
frisch gemahlener schwarzer Pfeffer
2 TL Natives Olivenöl Extra
40 g Butter
400 g junger Spinat
abgeriebene Schale und Saft von
   1 unbehandelten Zitrone
80 ml trockener Weißwein

Für die Garnitur

20 g gemischte frisch gehackte Kräuter,
   z. B. Petersilie, Schnittlauch, Kerbel und
   Estragon
Zitronenspalten

1 Die Kartoffeln in einem großen Topf mit kochendem Wasser 15 Minuten kochen, bis sie gar sind.

2 Unterdessen die Kalbsschnitzel mit Küchenpapier trocken tupfen. Das Fleisch flach klopfen, bis es nur noch ca. 5 mm dick ist. Das Mehl mit Salz und Pfeffer würzen, dann die Schnitzel darin wenden, bis sie leicht und gleichmäßig von Mehl überzogen sind.

3 Das Öl in einer beschichteten Pfanne erhitzen. Die Hälfte der Butter darin bei mittlerer Hitze zerlassen, bis sie zu schäumen beginnt, die Schnitzel zufügen und von jeder Seite 2–3 Minuten braten, bis sie gar sind. Die Schnitzel aus der Pfanne heben und auf einem vorgewärmten Teller warm halten.

4 Die Kartoffeln abgießen. Das restliche Öl in den noch heißen Kartoffelkochtopf geben und diesen bei geringer Hitze auf den Herd stellen. Die Kartoffeln wieder in den Topf geben und rundum mit dem Öl überziehen. Nach und nach den Spinat zufügen und unter die Kartoffeln rühren, bis er zusammengefallen ist. Den Zitronen-saft zugießen, alles mit Salz und Pfeffer würzen und behutsam verrühren. Den Topf abdecken und den Inhalt warm halten, während die Sauce zubereitet wird.

5 Die Pfanne wieder auf den Herd stellen und den Wein zugießen. Die Hitze so sehr erhöhen, dass die Mischung Blasen wirft, dann rühren, um den Bratensatz vom Pfannenboden zu lösen. Die Sauce 1 Minute kochen, bis sie eingedickt ist, die Pfanne vom Herd nehmen, die restliche Butter zufügen und unter Rühren zerlassen.

6 Die Schnitzel auf Teller anrichten und die Sauce darübergeben. Mit den Kräutern bestreuen. Kartoffeln und Spinat dazu reichen und mit Zitronenschale bestreuen. Mit Zitronenspalten garniert servieren.

Nährwerte pro Portion 2232 kJ, 533 kcal, 41 g Eiweiß, 21 g Fett (8 g gesättigte Fettsäuren), 43 g Kohlenhydrate (2 g Zucker), 6 g Ballaststoffe

Toskanische Kalbskoteletts

Statt des Gemüses können Sie auch einen knackigen Salat als Beilage zu den Koteletts reichen. Wer mag, serviert zusätzlich etwas Stangenbrot zu dem Gericht, um damit die köstliche Marinade aufzutunken.

FÜR 2 PERSONEN
Vorbereitung: 15 Minuten
Garzeit: 15 Minuten

2 Kalbskoteletts à ca. 150 g

1/4 TL frisch gemahlener schwarzer Pfeffer

1 große Möhre, in dünnen Streifen

1 Tomate, in 8 Spalten geschnitten

125 g grüne Bohnen

1 kleine rote Zwiebel, in dünnen Ringen

2 EL trockener Weißwein

1 EL Weißweinessig

1 EL Natives Olivenöl Extra

1 TL getrocknete italienische Kräuter (z. B. Oregano, Basilikum, Majoran)

1/4 TL Salz

Olivenöl, in einen Ölsprüher gefüllt

1 TL frisch gehackter Rosmarin

1 Die Koteletts von beiden Seiten mit dem Pfeffer würzen und mit Möhre, Tomate, Bohnen und Zwiebel in eine flache Schale legen. Wein, Essig und Öl, die getrockneten Kräuter und das Salz in ein Schraubglas füllen und durch kräftiges Schütteln gut mischen. Dann über die Zutaten in der Schale träufeln und 5 Minuten bei Zimmertemperatur marinieren.

2 Den Boden einer beschichteten Grillpfanne mit etwas Olivenöl besprühen, die Pfanne auf den Herd stellen und auf mittlere Hitze vorheizen. Die Koteletts darin von jeder Seite ca. 7 Minuten braten, bis sie innen rosa sind. Je nach Vorliebe kann die Garzeit auch verkürzt oder verlängert werden.

3 Während das Fleisch gart, eine beschichtete Pfanne mit Olivenöl aussprühen. Das Gemüse mitsamt der Marinade aus der Schale hineingeben, den Rosmarin einstreuen und alles 6 Minuten braten, bis das Gemüse bissfest ist.

4 Das Gemüse auf zwei Teller verteilen und die fertig gegarten Kalbskoteletts obenauf legen.

Nährwerte pro Portion 1390 kJ, 332 kcal, 37 g Eiweiß, 16 g Fett (3 g gesättigte Fettsäuren), 7 g Kohlenhydrate (5 g Zucker), 4 g Ballaststoffe

Kaninchentopf mit Kichererbsen

Für dieses aus der spanischen Küche stammende Gericht benötigen Sie Paprika de la Vera, ein aus getrockneten und geräucherten Paprikaschoten bestehendes Gewürz. Es ist in spanischen Lebensmittelgeschäften und in gut sortierten Supermärkten erhältlich.

FÜR 4 PERSONEN

Vorbereitung: 20 Minuten,
plus 20 Minuten Einweichzeit

Garzeit: 1½ Stunden

2 EL Natives Olivenöl Extra

350 g entbeintes Kaninchenfleisch,
in mundgerechten Stücken

2 Zwiebeln, grob gehackt

3 Knoblauchzehen, gehackt

1 große rote Paprikaschote, grob gehackt

1 EL Paprika de la Vera

½ TL mildes Chilipulver

½ TL gemahlener Kreuzkümmel

1 große Prise Zimtpulver

2 Lorbeerblätter

250 ml trockener Weißwein

250 ml Hühnerbrühe

250 g gehackte Tomaten aus der Dose

2 EL Tomatenmark

7 g frisch gehackte glatte Petersilie

2 Msp. Safranfäden

400 g Kichererbsen aus der Dose

250 g neue Kartoffeln, abgebürstet und
halbiert

2 frische Oregano- oder Majoranstängel,
grob gehackt

abgeriebene Schale und Saft von
1 kleinen unbehandelten Blutorange
oder Orange

Salz

frisch gemahlener schwarzer Pfeffer

helles Mischbrot, als Beilage

1 Das Öl in einem Schmortopf erhitzen. Die Kaninchenstücke darin rundum braun anbraten. Zwiebeln, Knoblauch und Paprika zufügen und alles unter Rühren 5 Minuten braten, bis die Zwiebeln weich werden. Paprika de la Vera, Chilipulver, Kreuzkümmel, Zimtpulver und Lorbeerblätter zufügen. Alles gut verrühren und 1 weitere Minute braten.

2 Wein, Brühe, Tomaten, Tomatenmark und die Hälfte der Petersilie zugeben. Den Topf beecken und den Inhalt zum Kochen bringen. Dann die Hitze auf die niedrigste Stufe reduzieren und alles ca. 40 Minuten köcheln lassen, bis das Fleisch gar ist.

3 Unterdessen die Safranfäden in eine kleine Schale geben, mit 80 ml heißem Wasser übergießen und 15–20 Minuten einweichen.

4 Die Kichererbsen und die Kartoffeln zu den restlichen Zutaten in den Topf geben. Den Safran mitsamt Einweichwasser einrühren, dann Oregano oder Majoran, Orangenschale und -saft zugeben und alles 25–30 Minuten köcheln lassen, bis die Sauce eingedickt ist. Das Gericht mit Salz und Pfeffer würzen und die Lorbeerblätter entfernen. Abschließend die restliche Petersilie einstreuen und das fertige Gericht noch heiß mit etwas Brot servieren.

Nährwerte pro Portion 1664 kJ, 397 kcal, 29 g Eiweiß, 14 g Fett (3 g gesättigte Fettsäuren), 29 g Kohlenhydrate (10 g Zucker), 8 g Ballaststoffe

Cassoulet

Das Cassoulet ist ein Eintopfgericht aus dem Languedoc, einer Region im Süden Frankreichs. Der Name geht auf das Kochgeschirr zurück, in dem es traditionell zubereitet wird, die „cassole", einen von Hand gefertigten Tontopf.

FÜR 4 PERSONEN

Vorbereitung: 20 Minuten,
  plus 8 Stunden Einweichzeit
Garzeit: 3 Stunden

150 g getrocknete weiße Bohnen
1 EL Natives Olivenöl Extra
300 g Schweinefilet, gewürfelt
100 g Bratwurst, in Scheiben
1 Zwiebel, gehackt
2 Selleriestangen, in Scheiben
2 Möhren, in dicken Scheiben
1 Speiserübe, gewürfelt
400 g gehackte Tomaten aus der Dose
400 ml Hühnerbrühe
160 ml Weißwein
1 EL Tomatenmark
2 Lorbeerblätter
4 frische Thymianstängel
Salz
frisch gemahlener schwarzer Pfeffer

Für die Semmelbröselkruste
1 EL Natives Olivenöl Extra
80 g frische Weißbrotsemmelbrösel
10 g frisch gehackte Petersilie

1 Die Bohnen mindestens 8 Stunden in kaltem Wasser einweichen. Anschließend abgießen, unter fließend kaltem Wasser abspülen, mit reichlich Wasser in einen Topf geben und zum Kochen bringen. 10 Minuten sprudelnd kochen, dann halb abgedeckt 50–60 Minuten köcheln lassen, bis sie gar sind. Abgießen und beiseitestellen.

2 Das Olivenöl in einem großen Schmortopf erhitzen. Die Filetstücke darin bei mittlerer bis starker Hitze 5–6 Minuten rundum braun anbraten. Mit einem Schaumlöffel aus dem Topf heben und beiseitestellen. Dann die Bratwurstscheiben in den Topf geben, rundum anbräunen und ebenfalls beiseitestellen.

3 Zwiebel, Sellerie, Möhren und Rübe in den Topf geben und unter gelegentlichem Rühren 5 Minuten dünsten, bis sie weich geworden und leicht gebräunt sind.

4 Filet und Wurst in den Topf zurückgeben. Bohnen, Tomaten, Brühe, Wein, Tomatenmark, Lorbeerblätter und Thymianstängel zufügen. Aufkochen, dann die Hitze reduzieren und den Eintopf 1 ½ Stunden köcheln lassen, bis Fleisch und Gemüse gar sind.

5 Kurz vor dem Servieren die Semmelbröselkruste zubereiten. Dazu das Öl in einer Pfanne erhitzen. Semmelbrösel und Petersilie zugeben und bei mittlerer Hitze 3–4 Minuten rösten, bis die Semmelbrösel goldbraun und leicht knusprig geworden sind.

6 Das fertige Cassoulet mit Salz und Pfeffer würzen und noch heiß mit der Semmelbröselkruste garniert servieren.

Nährwerte pro Portion 2038 kJ, 487 kcal, 34 g Eiweiß, 19 g Fett (5 g gesättigte Fettsäuren), 40 g Kohlenhydrate (11 g Zucker), 13 g Ballaststoffe

Souvlaki

Souvlaki ist ein beliebtes griechisches Schnellgericht. Traditionell wird das Fleisch dafür auf kleinen Holzspießen gegrillt, die man zum Essen in die Hand nimmt. In vielen Restaurants wird es aber auch wie hier als komplettes Tellergericht angeboten.

FÜR 4 PERSONEN
Vorbereitung: 10 Minuten
Garzeit: 20 Minuten

225 g Parboiled-Reis
4 dünne Schweinesteaks, ca. 450 g Gesamtgewicht
3 Zwiebeln, in Spalten
2 rote Paprikaschoten, in breiten Streifen
1/2 Salatgurke, längs halbiert und in Scheiben geschnitten
200 g Naturjoghurt
8–10 frische Minzeblätter, in Streifen
4 Zitronenspalten

Für die Marinade
1/2 TL rote Chiliflocken
3 TL getrockneter Oregano
1/2 TL gemahlene Mazis oder frisch geriebene Muskatnuss
4 Knoblauchzehen, zerdrückt
60 ml Oliven- oder Rapsöl

1 Den Reis gemäß Packungsanweisung in kochendem Wasser garen.

2 Unterdessen den Backofengrill auf höchste Stufe vorheizen. Eine Bratreine mit Alufolie auslegen und einen passenden Grillrost daraufsetzen. Chiliflocken, Oregano, Mazis oder Muskatnuss, Knoblauch und Öl in einer flachen Schale mischen. Die Steaks in dieser Marinade rundum wenden.

3 Die Steaks auf den Grillrost in der Bratreine legen. Nun Zwiebeln und Paprika in die Marinierschale geben. Das Gemüse rundum in der Marinade wenden, dann ebenfalls auf dem Grillrost verteilen. Fleisch und Gemüse insgesamt 8 Minuten im Backofen grillen; dabei regelmäßig wenden, damit sie nicht anbrennen.

4 Den Reis abgießen und auf 4 Teller verteilen. Fleisch, Gemüse und Gurkenscheiben darauf anrichten und je einen Klacks Joghurt zu jeder Portion geben. Mit der Minze bestreuen und mit Zitronenspalten garniert servieren.

Nährwerte pro Portion 1952 kJ, 466 kcal, 40 g Eiweiß, 22 g Fett (5 g gesättigte Fettsäuren), 26 g Kohlenhydrate (8 g Zucker), 5 g Ballaststoffe

---

TIPPS

■ In diesem Rezept wird das Gericht mit Schweinefleisch zubereitet. Alternativ können Sie aber auch Kalbfleisch verwenden.
■ Statt der Chiliflocken können Sie auch eine frische grüne oder rote Chilischote nehmen. Wählen Sie die Sorte und damit den Schärfegrad entsprechend Ihrem persönlichen Geschmack.

Fisch und Meeresfrüchte

Fangfrische Fische und Meeresfrüchte kommen in der Region rund um das Mittelmeer regelmäßig auf den Tisch, ob in Form von köstlichen Fischsalaten, gegrillten Garnelenspießen, einer farbenfrohen Meeresfrüchtepaella oder herzhaften Pastagerichten.

Sardinen-Paprika-Toasts

Dieses schnell zubereitete Gericht ist ideal für ein leichtes Mittagessen, wenn die Zeit knapp ist. Verarbeiten Sie unbedingt die Gräten der Sardinen mit, denn sie sind sehr weich und bereichern das Gericht um wertvolles Kalzium. Viele Nährstoffe liefert auch das roh verarbeitete Gemüse.

FÜR 4 PERSONEN

Zubereitung: 10 Minuten

200 g Sardinen im eigenen Saft, abgetropft

2 Selleriestangen, fein gehackt

1 rote Paprikaschote, entkernt und fein gehackt

1 rote Zwiebel, fein gehackt

3 EL Tomatenmark

3 EL Limettensaft

1 Prise Selleriesalz

frisch gemahlener schwarzer Pfeffer

4 dicke Scheiben Vollkorntoast

75 g Brunnenkresseblättchen

1 Die Sardinen in einer Schüssel mit einer Gabel klein zupfen. Sellerie, Paprika, Zwiebel, Tomatenmark und Limettensaft zufügen und unterrühren. Dann mit Selleriesalz und Pfeffer würzen.

2 Das Brot goldbraun toasten. Anschließend zunächst mit der Brunnenkresse belegen, dann die Sardinenmischung darauf verteilen. Die fertigen Toasts sofort servieren.

Nährwerte pro Portion 782 kJ, 187 kcal, 14 g Eiweiß, 5 g Fett (1 g gesättigte Fettsäuren), 21 g Kohlenhydrate (5 g Zucker), 5 g Ballaststoffe

TIPPS

■ Denken Sie beim Kauf abgewogener Brunnenkresse daran, dass Sie später nur die zarten Blättchen zum Verzehr verwenden können und die Stiele wegwerfen müssen. Leicht angewelkte Blättchen lassen sich durch ein kurzes Bad in kaltem Wasser wieder auffrischen.

■ Im eigenen Saft eingelegter Thunfisch ist eine köstliche Alternative zu den Sardinen.

■ Sie können die Paprika für dieses Gericht auch vorgaren und häuten. Dazu die Schote halbieren und entkernen. Nun mit der Schnittfläche nach unten 5 Minuten unter den heißen Backofengrill legen, bis die Haut schwarz wird. Abkühlen lassen, dann die Haut entfernen und fein hacken.

Gegrillte Sardinen

Sardinen sind nicht nur lecker, sondern auch preiswert. Dabei liefern sie viele gesunde Fette und Vitamine. Außerdem sind sie schnell zubereitet. Am einfachsten ist es, wenn Sie küchenfertige Sardinen kaufen, die bereits vom Fischhändler ausgenommen und geschuppt wurden.

FÜR 4 PERSONEN
Vorbereitung: 25 Minuten
Zubereitung: 15 Minuten

750 g kleine neue Kartoffeln,
  abgebürstet, große Exemplare halbiert
12 Sardinen (ca. 1,5 kg Gesamtgewicht),
  ausgenommen und geschuppt
100 g frische Vollkornsemmelbrösel
abgeriebene Schale und Saft von
  1 unbehandelten Zitrone
50 g Pekannüsse, gehackt
75 g Brunnenkresse, fein gehackt
Salz
Cayennepfeffer
frisch gemahlener schwarzer Pfeffer
1½ EL Natives Olivenöl Extra
1 EL schwarze Senfkörner

1 Die Kartoffeln in einen großen Topf geben, mit kochendem Wasser übergießen und 15 Minuten garen, bis sie weich sind. Den Backofengrill auf höchste Stufe vorheizen.

2 Unterdessen die Köpfe und Flossen der Sardinen entfernen. Die Semmelbrösel mit der Zitronenschale und der Hälfte des Zitronensafts mischen. Dann Pekannüsse und Brunnenkresse zufügen und alles mit Salz, Cayennepfeffer und schwarzem Pfeffer würzen. Die Sardinen reichlich mit dieser Mischung füllen. Ein Backblech mit Grillblecheinsatz mit Alufolie abdecken und die Sardinen darauflegen.

3 Den restlichen Zitronensaft mit 2 TL des Olivenöls und ein wenig Cayennepfeffer mischen. Die Fische mit der Hälfte der Mischung bestreichen und 5 Minuten im vorgeheizten Backofen grillen. Anschließend vorsichtig wenden, von der anderen Seite mit der Zitronensaft-Öl- Mischung bestreichen und weitere 5 Minuten grillen, bis sie gar sind.

4 Die Kartoffeln abgießen und halbieren. Das restliche Öl in den Kartoffelkochtopf geben. Die Senfkörner zufügen und 30 Sekunden bis 1 Minute rösten, bis sie zu zerplatzen beginnen. Dann die Kartoffeln mit reichlich schwarzem Pfeffer in den Topf zurückgeben und gründlich in der Senfkornmischung wenden.

5 Die fertigen Sardinen sofort zusammen mit den Kartoffeln servieren.

Nährwerte pro Portion 2503 kJ, 598 kcal, 41 g Eiweiß, 29 g Fett (6 g gesättigte Fettsäuren), 42 g Kohlenhydrate (3 g Zucker), 8 g Ballaststoffe

- -

TIPP

Reichen Sie zu diesem Gericht für eine ausgewogene Mahlzeit einen einfachen grünen Salat als Beilage.

- -

Meeresfrüchtesalat alla Nonna

Für diese traditionelle Köstlichkeit, wie man sie in Italien seit Langem aus Großmutters Küche kennt, sollte wirklich nur das Beste gut genug sein: Wählen Sie dafür die frischesten Zutaten und greifen Sie zu Tiefkühlware nur, wenn es gar nicht anders geht.

FÜR 4 PERSONEN
Vorbereitung: 30 Minuten
Zubereitung: 30 Minuten

300 g küchenfertige Baby-Tintenfische
4 EL Zitronensaft
125 ml Weißweinessig
5 schwarze Pfefferkörner
½ TL Fenchelsamen
½ TL Salz
1 kg küchenfertige Miesmuscheln
375 ml trockener Weißwein
1 Lorbeerblatt
300 g küchenfertige Garnelen
1 Romana-Salat-Herz, geputzt
2 Selleriestangen, in dünnen Ringen
2 Eiertomaten, fein gewürfelt
1 rote Zwiebel, fein gewürfelt
2 Knoblauchzehen, fein gehackt
3 EL fein gehackte frische Petersilie

Für die Vinaigrette
100 ml Natives Olivenöl Extra
3 EL Zitronensaft
Salz
frisch gemahlener schwarzer Pfeffer
1 Prise Cayennepfeffer

1 Die Baby-Tintenfische gründlich waschen und abtropfen lassen. 500 ml Wasser mit Zitronensaft, Essig, Pfefferkörnern, Fenchelsamen und Salz aufkochen. Die Tintenfische darin bei schwacher Hitze 20 Minuten garen, dann im Sud abkühlen lassen.

2 Die Muscheln in einer Schüssel mit kaltem Wasser bedecken und 15 Minuten ruhen lassen, danach abgießen. Geöffnete Muscheln wegwerfen! Die restlichen sorgfältig in kaltem Wasser waschen, bis sich kein Sand mehr am Schüsselboden absetzt.

3 Weißwein und Lorbeerblatt in einem großen Topf aufkochen. Die Muscheln darin abgedeckt 5–10 Minuten dünsten, bis sie sich geöffnet haben. Abgießen, noch geschlossene Muscheln aussortieren und wegwerfen. Das Muschelfleisch vorsichtig aus den geöffneten Schalen herauslösen; vollständig abkühlen lassen.

4 Die Garnelen kalt abspülen und abtropfen lassen. Die Tintenfische aus dem Sud nehmen und in kleine Stücke oder schmale Streifen schneiden. Alle Meeresfrüchte in einer Schüssel vorsichtig vermengen. Das Salatherz zerteilen und 4 große Portionsschalen oder tiefe Teller mit den Salatblättern auslegen.

5 Sellerie, Tomaten, Zwiebel, Knoblauch und Petersilie zu den Meeresfrüchten in die Schüssel geben und untermischen.

6 Für die Vinaigrette Olivenöl, 2 EL Zitronensaft sowie Salz, Pfeffer und Cayennepfeffer in einer Schüssel mischen. Über den Meeresfrüchtesalat gießen und vorsichtig unterheben. Nochmals mit Salz und Zitronensaft abschmecken. Dann in die vorbereiteten Schalen oder Teller verteilen und servieren.

Nährwerte pro Portion 2658 kJ, 635 kcal, 58 g Eiweiß, 29 g Fett (5 g gesättigte Fettsäuren), 17 g Kohlenhydrate (5 g Zucker), 2 g Ballaststoffe

Paella del Mar

Wer Gäste zu beköstigen hat, liegt mit dieser traditionellen spanischen Reispfanne immer richtig. Saftige Fischfilets, kombiniert mit Garnelen, Tintenfisch und buntem Gemüse, ergeben ein köstliches Sommergericht. Dazu passen Stangenbrot und ein knackiger grüner Salat.

FÜR 4 PERSONEN

Vorbereitung: 25 Minuten
Zubereitung: 35 Minuten

1 l Fisch- oder Hühnerbrühe

1 kleine Zwiebel, halbiert

1 Msp. Safranfäden

3 EL Natives Olivenöl Extra

2 große Knoblauchzehen, zerdrückt

1 rote Paprikaschote, entkernt und gehackt

450 g Paella- oder Risottoreis

150 ml trockener Weißwein

350 g festes weißfleischiges Fischfilet, gewürfelt

250 g rohe Garnelen, ausgelöst

125 g Tintenfisch, in mundgerechten Stücken

150 g grüner Spargel, in mundgerechten Stücken

2 große Tomaten, gehäutet, entkernt und gehackt

400 g Artischockenherzen aus der Dose, abgespült, abgetropft und halbiert

12 entsteinte Oliven

1 EL Zitronensaft

4 EL frisch gehackte Petersilie

Salz

frisch gemahlener schwarzer Pfeffer

8 kleine Zitronenspalten

1 Die Brühe mit 500 ml Wasser in einen großen Topf geben. Zwiebel und Safran zufügen. Aufkochen, dann abdecken und die Hitze reduzieren. Die Flüssigkeit 10 Minuten köcheln lassen, anschließend in einen großen Krug absieben.

2 Das Öl in dem Topf oder in einer Paella-Pfanne erhitzen. Knoblauch und Paprika darin 2–3 Minuten sanft dünsten, dann den Reis zugeben. Diesen unter Rühren 5 Minuten mitdünsten, bis er glasig wird.

3 Den Reis mit dem Wein ablöschen. Wenn der Alkohol verdampft ist, ein Drittel der beiseitegestellten Brühe zugießen und rühren, bis der Reis die Flüssigkeit aufgenommen hat. Nun das nächste Drittel Brühe zugießen und ebenfalls aufnehmen lassen.

4 Fischfilet, Garnelen, Tintenfisch, Spargel, Tomaten, Artischocken, Oliven, Zitronensaft, die Hälfte der Petersilie sowie die restliche Brühe zum Reis geben. Alles unter gelegentlichem Rühren etwa 10 Minuten sanft köcheln lassen, bis Fisch, Meeresfrüchte, Reis und Gemüse gar sind. Bei Bedarf etwas mehr Brühe oder heißes Wasser zugießen.

5 Die fertige Paella mit Salz und Pfeffer würzen und – falls sie nicht in einer Paella-Pfanne gegart wurde – in eine Servierschale umfüllen. Mit der restlichen Petersilie garnieren und mit Zitronenspalten zum Beträufeln servieren.

Nährwerte pro Portion 3355 kJ, 801 kcal, 51 g Eiweiß, 18 g Fett (3 g gesättigte Fettsäuren), 95 g Kohlenhydrate (5 g Zucker), 5 g Ballaststoffe

Pasta mit Meeresfrüchten und Knoblauch

Tiefgekühlte gemischte Meeresfrüchte köcheln für einige Minuten in Wein, Tomaten, Crème fraîche und Knoblauch – und schon können Sie zur Pasta Ihrer Wahl eine großartige Sauce servieren, die alle begeistern wird.

FÜR 4 PERSONEN
Zubereitung: 15 Minuten

400 g Linguine
2 EL Natives Olivenöl Extra
3 Knoblauchzehen, zerdrückt
4 EL Weißwein oder weißer Wermut
250 g Kirschtomaten, geviertelt
etwa 450 g gemischte tiefgekühlte
    Meeresfrüchte
3 EL Crème fraîche
Salz und frisch gemahlener schwarzer
    Pfeffer
1 Bund Petersilie, grob gehackt

1 Die Linguine in reichlich sprudelnd kochendem Salzwasser nach Packungsangabe bissfest garen.

2 In der Zwischenzeit das Öl in einer Pfanne bei schwacher Hitze heiß werden lassen. Den Knoblauch zugeben, dann Wein bzw. Wermut unterrühren und 1 Minute köcheln lassen. Anschließend die Tomaten, dann die Meeresfrüchte untermischen und alles unter gelegentlichem Rühren ca. 4 Minuten köcheln lassen, bis die Tomaten weich und die Meeresfrüchte durch und durch heiß sind. Nun die Crème fraîche unterrühren und die Sauce bei schwacher Hitze wieder heiß werden lassen, zum Abschluss mit Salz und Pfeffer abschmecken.

3 Die Pasta in ein Sieb schütten und gut abtropfen lassen. In eine große Schüssel füllen und die Sauce daraufgeben. Die Petersilie zufügen und alles behutsam, aber gründlich mischen. Sofort servieren.

Nährwerte pro Portion 2608 kJ, 623 kcal, 36 g Eiweiß, 20 g Fett (7 g gesättigte Fettsäuren), 70 g Kohlenhydrate (2 g Zucker), 5 g Ballaststoffe

TIPP

Küchenfertige tiefgekühlte Meeresfrüchte-Mischungen enthalten in der Regel Garnelen, Miesmuscheln, Tintenfisch, Fisch und Jakobsmuscheln.

Seeteufel-Garnelen-Spieße mit Tomatensalsa

Wählen Sie für diese Spieße am besten frische feste Garnelen, die noch nach Meer riechen, und transportieren Sie sie schnellstmöglich nach Hause. Spülen Sie sie dort unter kaltem Wasser ab und frieren Sie sie dann – gut abgetropft – zur späteren Verwendung ein.

FÜR 4 PERSONEN
Vorbereitung: 40 Minuten,
   plus 1 Stunde Marinierzeit
Zubereitung: 10 Minuten

8 frische rohe Garnelen, etwa 200 g
1 Knoblauchzehe, zerdrückt
1 TL geriebener Ingwer
1 grüne Chilischote, entkernt und
   fein gehackt
3 EL Sonnenblumen- oder Erdnussöl
750 g Seeteufelfilet, in 8–12 Würfel
   zerteilt
Salz
frisch gemahlener schwarzer Pfeffer
Limettenspalten

Für die Salsa
500 g Strauchtomaten
2 TL Koriandersamen
1 grüne Chilischote, entkernt und
   fein gehackt
1 Knoblauchzehe, zerdrückt
1 Stängel Zitronengras, nur die weißen
   Teile, fein geschnitten
Saft von 1 Limette

1   Die Garnelen schälen, dabei die letzten Schalenteile am Schwanzende möglichst aussparen. Die Darmfäden entfernen. Die Garnelenschwänze waschen und mit Küchenpapier trocken tupfen.

2   Knoblauch, Ingwer und Chilischote mit Öl in einer großen Schüssel verrühren. Fischwürfel und Garnelen zugeben und gut umrühren. Die Schüssel mit Frischhaltefolie abdecken und 1 Stunde kalt stellen. Holzspieße 1/2 Stunde vor Gebrauch in kaltes Wasser legen.

3   Inzwischen die Salsa vorbereiten. Dazu Tomaten mit kochendem Wasser übergießen, häuten, entkernen und das Fleisch so klein schneiden, dass ein Püree entsteht, in dem sich noch Stücke befinden. Dies gelingt nur von Hand, nicht mit der Küchenmaschine.

4   Die Koriandersamen in einer Pfanne mit schwerem Boden ein paar Sekunden lang rösten, bis sie ihr Aroma freigeben. Die Samen im Mörser zerstoßen und zu den Tomaten geben. Chili, Knoblauch, Zitronengras und Limettensaft unterrühren und die Salsa abschmecken. Abgedeckt 1/2 Stunde oder länger kalt stellen.

5   Wenn der Fisch gut durchgezogen ist, den Grill auf mittlerer Stufe vorheizen. Fischwürfel und Garnelen abwechselnd auf die Spieße stecken und 3–4 Minuten von jeder Seite grillen, bis die Garnelen fest und rosa werden, aber noch nicht zerfallen. Die Spieße mit Salz und Pfeffer würzen und mit Limettenspalten und der Tomatensalsa servieren.

Nährwerte pro Portion 1022 kJ, 244 kcal, 43 g Eiweiß, 5 g Fett (1 g gesättigte Fettsäuren), 6 g Kohlenhydrate (3 g Zucker), 2 g Ballaststoffe

- -

TIPP

Über Holzkohle gegrillt erhalten die Spieße einen rauchigen Geschmack. Sie können sie auch bei mittlerer Hitze in einer gusseisernen Grillpfanne braten.

- -

Ganzer Fisch im Weinblattmantel

Die Griechen kennen sehr viele Garmethoden für Fisch, da bei ihnen Fisch zu den Grundnahrungsmitteln zählt. Bei diesem Rezept wird der Fisch in Weinblätter gehüllt, wodurch er nicht nur ein feines Aroma erhält, sondern während des Garens auch schön saftig bleibt.

FÜR 4 PERSONEN

Vorbereitung: 20 Minuten,
  plus 1 Stunde Marinierzeit
Zubereitung: 20 Minuten

8 Weinblätter, in Salzwasser eingelegt
1 ganzer küchenfertiger Fisch
  (ca. 1,5 kg Gesamtgewicht),
  z. B. Forelle, Zander oder Rotbarbe
Salz
frisch gemahlener schwarzer Pfeffer
4 Knoblauchzehen, längs halbiert
15 g frisch gehackte gemischte Kräuter,
  z. B. Kerbel, Dill und Blattpetersilie

Für die Marinade
2 EL Natives Olivenöl Extra
2 EL trockener Weißwein
2 EL Balsamico

1 Die Weinblätter abtropfen lassen, in eine hitzebeständige Schüssel geben und mit kochendem Wasser bedecken. 5 Minuten ziehen lassen, dann abgießen und erneut abtropfen lassen.

2 Den Fisch zu beiden Seiten ca. 5-mal tief einkerben. Die Kerben mit Salz und Pfeffer würzen, dann den Knoblauch und die Kräuter tief hineindrücken. Anschließend den Fisch in eine metallfreie Schale legen.

3 Öl, Wein und Balsamico vermengen und mit Salz und Pfeffer würzen. Die fertige Marinade über den Fisch gießen. Den Fisch abdecken und mindestens 1 Stunde im Kühlschrank marinieren. Unterdessen einen Kugelgrill oder einen anderen abdeckbaren Grill mit geschlossenem Deckel auf mittlere bis starke Hitze vorheizen.

4 Den Fisch aus der Marinade nehmen, in die Weinblätter einschlagen und mit einer zusätzlichen Lage Alufolie umwickeln. Die Enden der Folie fest einschlagen, damit der Fisch vor direkter Hitze geschützt ist.

5 Den Fisch bei indirekter Hitze auf den Grill legen. Den Deckel schließen und den Fisch 10 Minuten grillen, dann wenden und weitere 8–10 Minuten grillen, bis das Fleisch an der dicksten Stelle locker auseinanderfällt.

6 Den fertigen Fisch aus der Folie und den Weinblättern wickeln und sofort servieren.

Nährwerte pro Portion 1547 kJ, 370 kcal, 57 g Eiweiß, 14 g Fett (3 g gesättigte Fettsäuren), 2 g Kohlenhydrate (1 g Zucker), 2 g Ballaststoffe

Gebackener Fisch mit Chermoula-Marinade

Chermoula ist eine klassische Fischmarinade, die ursprünglich aus der nordafrikanischen Küche stammt. Knoblauch und Koriander sind ein fester Bestandteil, meist gehören auch Öl, Zitronensaft und Salz mit hinein. Alle weiteren Zutaten variieren je nach Region und Koch.

FÜR 4 PERSONEN

Vorbereitung: 20 Minuten,
   plus 30 Minuten Marinierzeit
Backzeit: 40–50 Minuten

1 ganzer küchenfertiger Fisch (ca. 1 kg Gesamtgewicht), z. B. Forelle oder Zander
175 g grüne Bohnen, halbiert
600 g mehlig kochende Kartoffeln
2 Frühlingszwiebeln, in Ringe geschnitten
250 g Kirschtomaten
40 g entsteinte schwarze Oliven
300 ml heiße Fischbrühe

Für die Chermoula-Marinade

4 Knoblauchzehen
1 kleine rote Chilischote, entkernt
40 g frischer Koriander
1 TL Paprikapulver
1/2 TL gemahlener Kreuzkümmel
60 ml Pflanzenöl
Saft von 1 unbehandelten Zitrone
Salz
frisch gemahlener schwarzer Pfeffer

1 Für die Marinade Knoblauch, Chilischote, Koriander, Paprikapulver, Kreuzkümmel, Öl und Zitronensaft in der Küchenmaschine zu einer glatten Paste verarbeiten. Diese mit Salz und Pfeffer würzen.

2 Den Fisch auf beiden Seiten 6-mal tief einkerben und in eine metallfreie Schale legen. Die Hälfte der Marinade in der Bauchhöhle des Fischs und in den Kerben verstreichen. Mit der restlichen Marinade den Fisch von außen rundum bestreichen. Dann den Fisch mindestens 30 Minuten im Kühlschrank marinieren.

3 Den Backofen auf 200 °C vorheizen. Die Bohnen 1 Minute in kochendem Wasser blanchieren, dann in Eiswasser abschrecken. Die Kartoffeln schälen, in Scheiben schneiden und mit den Frühlingszwiebeln auf dem Boden einer breiten und tiefen Auflaufform verteilen. Bohnen, Tomaten und Oliven darüber verteilen.

4 Die heiße Brühe über das Gemüse gießen und den Fisch darauflegen. Mit Alufolie abdecken und 40–50 Minuten backen, bis die Kartoffen weich sind und sich das Fischfleisch leicht von den Gräten löst.

5 Das fertige Gericht sofort servieren. Eventuell übrig gebliebene Marinade separat als Sauce dazu reichen.

Nährwerte pro Portion 1948 kJ, 465 kcal, 44 g Eiweiß, 20 g Fett (3 g gesättigte Fettsäuren), 25 g Kohlenhydrate (4 g Zucker), 6 g Ballaststoffe

Spaghetti mit Paprika und Jakobsmuscheln

Ein perfekter Dreiklang aus gegrillten Paprikaschoten, Spaghetti und kurz gebratenen Jakobsmuscheln. Der Name der Meeresfrucht geht auf den heiligen Jakobus, den Schutzpatron der christlichen Pilger, zurück. Das Muschelsymbol markiert den Jakobsweg in Spanien.

FÜR 4 PERSONEN
Vorbereitung: 25 Minuten
Zubereitung: 20 Minuten

je 2 rote und gelbe Paprikaschoten

$1/4 - 1/2$ TL zerstoßene getrocknete rote Chilischote, je nach Geschmack

geriebene Schale und Saft von 1 großen unbehandelten Zitrone

4 EL Natives Olivenöl Extra

4 EL frische Petersilie, fein gehackt

500 g Spaghetti

500 g frische Jakobsmuscheln, küchenfertig

Salz

frisch gemahlener schwarzer Pfeffer

3 große Knoblauchzehen, zerdrückt

1 unbehandelte Zitrone, in 8 Spalten geschnitten

geriebener Parmesan, zum Servieren

1 Den Grill vorheizen. Die Paprikaschoten vierteln, entkernen und mit der Schnittseite nach unten auf die Grillpfanne legen. Etwa 8 Minuten grillen, bis die Haut platzt und schwarz zu werden beginnt. In eine Schüssel legen und mit Frischhaltefolie bedecken. Sobald sie kalt genug sind, die Haut abziehen und das Fruchtfleisch fein würfeln. Zusammen mit Chilischote, Zitronenschale und 2 EL Öl in die Schüssel geben. Die Petersilie bis auf einen Rest zum Garnieren untermischen und die Schüssel beiseitestellen.

2 In einem großen Topf reichlich Salzwasser zum Kochen bringen und die Spaghetti nach Packungsanleitung bissfest kochen.

3 Unterdessen das Muschelfleisch aus den Schalen lösen, den roten Rogen abtrennen, gut waschen und auf Küchenpapier abtropfen lassen. Das Fleisch waschen und trocken tupfen, sehr große Muscheln in mundgerechte Stücke schneiden. Den Rogen sehr klein schneiden. Muschelfleisch und Rogen in 1 EL Öl wenden und nach persönlichem Geschmack salzen und pfeffern.

4 Eine gusseiserne Grillpfanne oder eine große beschichtete Bratpfanne erhitzen. Wenn die Spaghetti fast gar sind, die Muscheln 2–3 Minuten kurz anbraten, bis sie leicht gebräunt sind, dabei einmal wenden. Sie sollen gar sein, aber nicht zäh. Die Nudeln abgießen und warm halten.

5 1 EL Öl in einer beschichteten Pfanne erhitzen. Den Knoblauch darin 1 Minute anbraten, dann die Paprikamischung zufügen und erwärmen. Spaghetti, Muscheln und Zitronensaft zugeben. Alles gut vermengen und mit der restlichen Petersilie bestreuen, anschließend abschmecken. Die Nudeln mit Zitronenspalten und frisch geriebenem Parmesan servieren.

Nährwerte pro Portion 2681 kJ, 640 kcal, 30 g Eiweiß, 16 g Fett (2 g gesättigte Fettsäuren), 91 g Kohlenhydrate (5 g Zucker), 7 g Ballaststoffe

Jakobsmuscheln mit Chorizo

Als Beilage zu dieser köstlichen Delikatesse eignen sich gedünsteter Fenchel oder ein grüner Salat. Alternativ lässt sich damit auch ein anspruchsvolles Pastagericht zubereiten. Dazu die fertigen Jakobsmuscheln einfach mit einer Portion heißer Spaghetti oder Linguine mischen.

FÜR 4 PERSONEN
Vorbereitung: 10 Minuten
Zubereitung: 10 Minuten

1 EL Kreuzkümmelsamen
1 Chorizo (span. Paprikawurst), ca. 125 g, in dünne Scheiben geschnitten
500 g küchenfertige Jakobsmuscheln, große Exemplare halbiert
Saft von 1 unbehandelten Zitrone
15 g frisch gehackte glatte Petersilie

1 Die Kreuzkümmelsamen in einem kleinen Topf bei mittlerer Hitze 2–3 Minuten rösten, bis sich ihr Aroma entfaltet. Dann in einer Gewürzmühle oder einem Mörser zu einem feinen Pulver verarbeiten.

2 Eine Pfanne bei mittlerer Hitze auf dem Herd vorheizen. Die Chorizo darin ohne Zugabe von Fett 2 Minuten rundum kross anbraten. Anschließend in eine Schüssel geben und beiseitestellen.

3 Die Jakobsmuscheln in die Pfanne geben, in der sich noch das aus der Chorizo ausgetretene Fett befindet, und von jeder Seite 1 Minute braten. Dabei bei Bedarf portionsweise vorgehen, denn wenn die Pfanne zu voll ist, dünsten die Muscheln eher als dass sie braten. Zum Schluss die Chorizo wieder in die Pfanne geben. Zitronensaft, Kreuzkümmel und Petersilie zufügen, alles kurz durcherhitzen und sofort servieren.

Nährwerte pro Portion 721 kJ, 172 kcal, 20 g Eiweiß, 8 g Fett (3 g gesättigte Fettsäuren), 5 g Kohlenhydrate (<1 g Zucker), <1 g Ballaststoffe

---

TIPP

Dieses köstliche Gericht lässt sich einfach variieren, indem man statt der Jakobsmuscheln Garnelen verwendet.

Miesmuscheln in Weißwein

Verwenden Sie für dieses Gericht – wie für alle anderen, bei denen mit Wein gekocht wird – unbedingt einen hochwertigen Tropfen. Als Faustregel gilt: Der Wein, den man trinkt, sollte auch der Wein sein, mit dem man kocht. Dass sich das lohnt, werden Sie schmecken.

FÜR 4 PERSONEN
Vorbereitung: 20 Minuten
Zubereitung: 10 Minuten

100 g Butter
2 Zwiebeln, fein gehackt
500 ml Weißwein
2 kg Miesmuscheln, abgebürstet und entbartet
3 EL frisch gehackte Petersilie
Salz
frisch gemahlener schwarzer Pfeffer
Stangenbrot, als Beilage

1 Die Butter in einem Topf zerlassen, der groß genug ist, um alle Muscheln auf einmal aufzunehmen. Die Zwiebeln zufügen und bei mittlerer Hitze 4–5 Minuten weich dünsten. Dann den Wein zugießen und alles aufkochen.

2 Die Muscheln in den Topf geben und 4–5 Minuten kochen, bis sie sich öffnen. Dabei den Topf von Zeit zu Zeit schütteln und eventuell ein- bis zweimal vorsichtig umrühren, um sicherzustellen, dass auch die oben liegenden Muscheln durchgaren.

3 Die Petersilie einrühren und die Muscheln mit Salz und Pfeffer würzen. Exemplare, die nach dem Garen noch geschlossen sind, aussortieren und wegwerfen. Die anderen mit etwas Stangenbrot als Beilage sofort servieren.

Nährwerte pro Portion 1943 kJ, 464 kcal, 45 g Eiweiß, 24 g Fett (5 g gesättigte Fettsäuren), 12 g Kohlenhydrate (4 g Zucker), 3 g Ballaststoffe

TIPPS

■ Die Muscheln vor dem Garen gründlich abbürsten und den sogenannten Muschelbart – die Fäden, mit denen sich die Muscheln am Untergrund festhalten – entfernen. Sogenannte Seepocken – kleinere Muscheln, die sich an der Miesmuschel festgesetzt haben – abkratzen. Offene Muscheln, die sich auch bei leichtem Gegenklopfen nicht schließen, oder beschädigte Muscheln unbedingt aussortieren und wegwerfen.
■ Wer mag, fügt zur Sauce noch ein bisschen Sahne hinzu, damit sie etwas cremiger wird.

Miesmuscheln mit Risoni und Tomatensauce

Für diese fruchtige Tomatensauce werden gehackte Tomaten aus der Dose verwendet. Wer es etwas sämiger mag, sollte stattdessen zu passierten Tomaten greifen. Das Gericht schmeckt besonders intensiv, wenn man vor dem Servieren zerkrümelten Feta über die Muscheln streut.

FÜR 4 PERSONEN
Vorbereitung: 10 Minuten
Zubereitung: 15 Minuten

1,5 kg Miesmuscheln
270 g Risoni
1 EL Natives Olivenöl Extra
2 Zwiebeln, in dünne Spalten geschnitten
1,2 kg gehackte Tomaten aus der Dose
1½ TL getrockneter Oregano
1½ TL getrocknetes Basilikum
130 g schwarze Oliven

1 Die Muscheln gründlich waschen und die Bärte entfernen. Geöffnete Muscheln, die sich auch bei leichtem Gegenklopfen nicht schließen, aussortieren und wegwerfen.

2 Die Risoni in einem großen Topf mit kochendem Wasser gemäß Packungsanleitung bissfest kochen.

3 Unterdessen das Öl in einem großen Topf erhitzen. Die Zwiebeln darin bei mittlerer bis starker Hitze 3 Minuten sautieren, bis sie weich sind. Tomaten, getrocknete Kräuter und Oliven zufügen und alles weitere 3 Minuten erhitzen, bis die Mischung kocht.

4 Die Muscheln zufügen und 5–6 Minuten in der Tomatensauce kochen, bis sie sich öffnen. Ungeöffnete Muscheln aussortieren und wegwerfen.

5 Die Risoni abgießen und auf 4 tiefe Teller verteilen. Die Muscheln mit der Sauce darauf anrichten und sofort servieren.

Nährwerte pro Portion 1820 kJ, 435 kcal, 18 g Eiweiß, 7 g Fett (1 g gesättigte Fettsäuren), 74 g Kohlenhydrate (12 g Zucker), 5 g Ballaststoffe

TIPPS

■ Risoni sehen zwar aus wie Reiskörner, tatsächlich aber handelt es sich um eine kleine Nudelform. Ersatzweise können Sie Faden- oder Buchstabennudeln verwenden.
■ Das Rezept können Sie auch ohne Weiteres mit frischen Tomaten zubereiten. Dazu 8 große aromatische Tomaten fein würfeln und mit 125 ml Rot- oder Weißwein zu den Zwiebeln in den Topf geben.

Bulgur-Salat mit Fisch und Zitronendressing

Für diesen Salat eignen sich Filets von jedem frischen Meeresfisch mit festem weißen Fleisch, auch Filets verschiedener Fische – Sie können sogar Thunfisch aus der Dose nehmen, der aber abgetropft und zerteilt werden muss, ehe man ihn dem Bulgur zufügt.

FÜR 4 PERSONEN
Vorbereitung: 1 Stunde
Zubereitung: 5 Minuten,
    plus 1–2 Stunden Kühlzeit

180 g Bulgur
300 g Filets von einem weißfleischigen Meeresfisch wie Wolfsbarsch oder Dorsch
1 kleine unbehandelte Zitrone, in dünnen Scheiben
2 frische Petersilienstängel
5 schwarze Pfefferkörner
1 Salatgurke, entkernt und gewürfelt
4 Frühlingszwiebeln, in feinen Ringen
250 g Kirschtomaten, halbiert
2 EL frisch gehackter Koriander
2 EL frisch gehackte Minze
2 EL frisch gehackte Petersilie
frische Minzezweige, zum Servieren

Für das Dressing
2 EL Natives Olivenöl Extra
2 EL Rotweinessig
2 EL Zitronensaft
fein abgeriebene Schale von 1 unbehandelten Zitrone
1 TL Dijonsenf
1 Knoblauchzehe, zerdrückt
Salz
frisch gemahlener schwarzer Pfeffer

1 Den Bulgur in eine große, hitzebeständige Schüssel geben, mit 600 ml kochendem Wasser übergießen und etwa 45 Minuten ziehen lassen, bis er weich ist und fast das gesamte Wasser aufgenommen hat.

2 In der Zwischenzeit die Fischfilets in eine große Pfanne legen und Zitronenscheiben, Petersilienstängel und Pfefferkörner zugeben. Mit kaltem Wasser aufgießen, bis die Filets gerade bedeckt sind, und aufkochen. Dann die Hitze reduzieren und den Fisch abgedeckt etwa 5 Minuten köcheln lassen, bis er gar geworden ist und sich leicht zerteilen lässt.

3 Den Fisch aus der Kochflüssigkeit nehmen, abkühlen lassen und in mundgerechte Stücke zerteilen.

4 Den Bulgur durch ein Sieb abgießen und alle Flüssigkeit auspressen. In eine große Salatschüssel geben und Gurke, Frühlingszwiebeln, Kirschtomaten und gehackte Kräuter zugeben. Dann den Fisch ganz vorsichtig unterheben, damit er nicht zerfällt.

5 Alle Zutaten für das Dressing verrühren. Das Dressing über den Salat geben und diesen vorsichtig darin wenden.

6 Abgedeckt 1–2 Stunden im Kühlschrank ziehen lassen. Vor dem Servieren abschmecken und mit Minzezweigen garnieren.

Nährwerte pro Portion 1324 kJ, 316 kcal, 21 g Eiweiß, 11 g Fett (2 g gesättigte Fettsäuren), 30 g Kohlenhydrate (4 g Zucker), 10 g Ballaststoffe

Fischsticks mit Sauce tartare

Dieses Gericht eignet sich hervorragend als Party-Snack. Magere Fischfilets werden hierfür mit Panade überzogen und fettfrei im Backofen gegart statt frittiert. Eine würzige Sauce tartare ist gewissermaßen das i-Tüpfelchen auf den leckeren Häppchen.

FÜR 4 PERSONEN
Vorbereitung: 20 Minuten
Zubereitung: 10 Minuten

500 g feste, weißfleischige Fischfilets
1 EL Natives Olivenöl Extra

Für die Panade
35 g Mehl
Salz
frisch gemahlener schwarzer Pfeffer
1 großes Ei, verquirlt
80 g fein gemahlene
    Weißbrotsemmelbrösel
2 EL Sesamsaat

Für die Sauce tartare
60 g Crème fraîche oder Schmand
60 g Mayonnaise
1 TL Dijon-Senf
4 Cornichons, fein gehackt
1 EL Kapern, abgespült und abgetropft
2 EL frisch gehackte Petersilie
1 EL Zitronensaft

1 Den Backofen auf 220 °C vorheizen. Die Fischfilets in Streifen schneiden.

2 Für die Panade das Mehl mit Salz und Pfeffer würzen und in einer flachen Schale verteilen. Das Ei in eine zweite Schale geben und die Semmelbrösel mit der Sesamsaat in einer dritten Schale mischen. Die Fischfiletstreifen zunächst im Mehl wenden, dann durch die Eimasse ziehen und zum Schluss in der Semmelbröselmischung wenden.

3 Ein antihaft-beschichtetes Backblech mit dem Öl bestreichen und die panierten Fischstreifen in einer Lage darauf verteilen. 5 Minuten in den vorgeheizten Backofen geben, dann wenden und weitere 5 Minuten backen, bis die Panade goldgelb und knusprig geworden ist.

4 Unterdessen alle Zutaten für die Sauce tartare in einer Schale vermengen.

5 Den Dip auf 4 kleine Portionsschalen verteilen und mit den noch heißen Fischsticks servieren.

Nährwerte pro Portion 1865 kJ, 446 kcal, 33 g Eiweiß, 24 g Fett (8 g gesättigte Fettsäuren), 24 g Kohlenhydrate (4 g Zucker), 2 g Ballaststoffe

Bunter Fischsalat mit Gemüse

Bei dieser Zubereitungsart wird der Fisch durch das Marinieren in Limettensaft gleichsam gekocht. Wie lange der Fisch braucht, um in der Marinade zu „garen", ist abhängig von der Sorte und der Dicke der einzelnen Stücke.

FÜR 4 PERSONEN

Zubereitung: 30 Minuten, plus 3–6 Stunden Marinierzeit

500 g feste weißfleischige Fischfilets, z. B. Hecht oder Kabeljau

3 große unbehandelte Limetten

1 rote Paprikaschote, fein gewürfelt

1 kleine rote Zwiebel, fein gewürfelt

1 kleine Knoblauchzehe, zerdrückt

2 reife Tomaten, gehäutet und gewürfelt

1 Salatgurke, geschält, entkernt und gewürfelt

1 EL frisch gehackte Korianderblätter, plus ein paar zusätzliche Blätter zum Garnieren

1/4 TL gemahlener Kreuzkümmel

1/2 TL getrockneter Oregano

1 kleine Prise frisch gemahlener weißer Pfeffer

1 feste reife Avocado, gewürfelt

Limettenspalten

1   Den Fisch mit Küchenpapier trocken tupfen und in 2 cm große Würfel schneiden. Eventuell vorhandene Gräten entfernen. Dann den Fisch in eine Glasschale mit Deckel geben.

2   Die Schale von 1 Limette fein abreiben, dann alle 3 Limetten auspressen. Limettenschale und Saft zu den Fischwürfeln geben und alles gut vermengen. Den Fisch abdecken und 3–6 Stunden im Kühlschrank marinieren lassen. Er ist verzehrfertig, sobald das Fleisch fest geworden und nicht mehr glasig ist.

3   Eventuelle Marinadenreste abgießen und den Fisch in eine große Schüssel geben. Paprika, Zwiebel, Knoblauch, Tomaten, Gurke, gehackten Koriander, Kreuzkümmel, Oregano und Pfeffer zufügen und alles gut vermengen. Dann behutsam die Avocadowürfel unterrühren.

4   Den fertigen Salat auf Servierschalen verteilen, mit Korianderblättern garnieren und mit Limettenspalten servieren.

Nährwerte pro Portion 1244 kJ, 297 kcal, 29 g Eiweiß, 17 g Fett (4 g gesättigte Fettsäuren), 11 g Kohlenhydrate (5 g Zucker), 5 g Ballaststoffe

- -

TIPPS

■ Ein wenig fein gehackte Chilischote verleiht dem Gericht zusätzliches Aroma. Wer es nicht ganz so scharf mag, entkernt die Schote vor der Verwendung. Dazu einfach aufschneiden und die Kerne mit einem scharfen Messer herauskratzen. Eine andere Alternative sind eingelegte Jalapeño-Scheiben.

■ Statt der weißfleischigen Fischfilets können Sie auch Lachs oder Thunfisch für den Salat verwenden.

- -

Lachs im Päckchen

Bei diesem Rezept werden zarte Lachsfilets besonders schonend gegart. Durch das Dämpfen im Backpapier bleiben nicht nur die meisten Nährstoffe, sondern auch die Aromen des Fischs und aller beigefügten Würzmittel erhalten, was für ein besonders intensives Geschmackserlebnis sorgt.

FÜR 2 PERSONEN
Vorbereitung: 10 Minuten
Backzeit: 20–25 Minuten

2 Lachsfilets à ca. 175 g
Salz
frisch gemahlener schwarzer Pfeffer
1 unbehandelte Zitrone, in dünnen Scheiben
3–4 frische Thymianstängel
2 TL Kapern, abgespült und ausgedrückt
2 EL frisch gehackte glatte Petersilie
2 TL Natives Olivenöl Extra
15-cm-Stück Baguette
3 TL Butter
1 Knoblauchzehe, fein gerieben
250 g Strauch-Kirschtomaten

1 Den Backofen auf 200 °C vorheizen. Zwei 30 x 30 cm große Quadrate aus Backpapier ausschneiden und ein Backblech ganz mit Backpapier auslegen.

2 Die Fischfilets mit Salz und Pfeffer würzen und mittig auf die beiden Backpapierquadrate legen. Zitronenscheiben, Thymianstängel, Kapern und Petersilie darauflegen und etwas Olivenöl darüberträufeln.

3 Die Backpapierquadrate sorgfältig einschlagen. Dazu die Ecken des Papiers über dem Fisch zusammenfassen und fest nach innen eindrehen. Anschließend die Päckchen noch in Alufolie einschlagen.

4 Das Baguette-Stück längs halbieren. Butter und Knoblauch vermengen und die Schnittflächen des Brots mit der Mischung bestreichen.

5 Die Päckchen mit dem Brot und den Tomaten auf das vorbereitete Backblech legen. Die Tomaten mit dem restlichen Olivenöl beträufeln und mit Salz und Pfeffer würzen. Alles 20–25 Minuten backen, bis der Fisch gar ist. Als Beilage eignet sich ein grüner Salat.

Nährwerte pro Portion 2444 kJ, 584 kcal, 42 g Eiweiß, 26 g Fett (8 g gesättigte Fettsäuren), 44 g Kohlenhydrate (7 g Zucker), 6 g Ballaststoffe

- -

TIPPS

■ Sie können auch mehr Knoblauchbutter zubereiten und eine ganze Baguette damit bestreichen. Diese teilen Sie dann in einzelne Portionen auf und frieren alles ein, was Sie nicht sofort benötigen. Bei der nächsten Gelegenheit kann die tiefgekühlte Baguette einfach im Backofen aufgewärmt werden.
■ Statt mit Lachs können Sie dieses Rezept auch mit frischem Thunfisch oder Fischsorten mit festem weißen Fleisch zubereiten. Außerdem können Sie die Päckchen zusätzlich mit Zucchinistreifen oder in dünne Scheiben geschnittenen Schalotten füllen.

- -

Schwertfischspieße mit gegrillter Zucchini

Für dieses schnelle und einfache Sommergericht werden Schwertfischwürfel mit Zitronenspalten am Spieß gegrillt und mit ebenfalls gegrillten Zucchini serviert. Das feste Schwertfischfleisch eignet sich fürs Grillen besonders gut. Warme Focaccia ist eine ideale Beilage.

FÜR 4 PERSONEN

Vorbereitung: 20 Minuten, plus 10 Minuten Marinierzeit
Zubereitung: 15 Minuten

500 g Schwertfischsteaks
3 unbehandelte Zitronen
3 EL Natives Olivenöl Extra
1 Knoblauchzehe, zerdrückt
15 g frisches Basilikum, fein gehackt
500 g kleine Zucchini, geputzt
grob gemahlener schwarzer Pfeffer

1 Vier Holzspieße in kaltem Wasser einweichen, damit sie beim Grillen später nicht verbrennen. Unterdessen die Fischsteaks mit einem Messer häuten und in 2 cm große Würfel schneiden.

2 Die Schale von 1 Zitrone fein abreiben und den Saft auspressen. Schale und Saft mit Öl und Knoblauch mischen. Dann das Basilikum unter die Marinade rühren. Die übrigen Zitronen in jeweils 4 Spalten schneiden.

3 Die Zucchini längs halbieren und das Fruchtfleisch mit einer scharfen Messerspitze kreuzweise einritzen. Die Schnittflächen leicht mit der vorbereiteten Marinade bestreichen, dann die Zucchini beiseitestellen. Die Fischwürfel in der restlichen Marinade wenden und 10 Minuten ziehen lassen.

4 Nun die Fischwürfel und die Zitronenspalten abwechselnd auf die eingeweichten Spieße schieben. Die Spieße zusammen mit den Zucchini in eine Grillpfanne geben, mit grob gemahlenem Pfeffer bestreuen und 10–15 Minuten unter gelegentlichem Wenden grillen, bis der Fisch gar ist. Vor dem Servieren mit der restlichen Marinade bestreichen. (Alternativ können Sie die Spieße auch im Backofen oder auf einem Outdoor-Grill grillen.)

Nährwerte pro Portion 1260 kJ, 301 kcal, 27 g Eiweiß, 19 g Fett (3 g gesättigte Fettsäuren), 3 g Kohlenhydrate (3 g Zucker), 3 g Ballaststoffe

- -

TIPPS

■ Verwenden Sie für eine asiatisch angehauchte Variante eine andere Marinade. Dazu Zitronenschale und -saft gegen Schale und Saft von 1½ Limetten austauschen und statt des Basilikums frischen Koriander verwenden. Außerdem je nach Geschmack etwas gehackte rote Chilischote zufügen.
■ Anstelle von Schwertfisch kann man die Spieße auch gut mit Lachs oder großen Garnelen bestücken.

- -

Mediterrane Fischpfanne

Die Zutaten, die in diesem Gericht verwendet werden, sind typisch für die ländliche Küche in dem Mittelmeerabschnitt zwischen Frankreich und Spanien. Der Fisch wird hier äußerst schonend auf einem Gemüsebett gedämpft. Als Beilagen eignen sich Brot und ein grüner Salat.

FÜR 4 PERSONEN

Vorbereitung: 20 Minuten
Zubereitung: 15 Minuten

2 EL Natives Olivenöl Extra

1 Zwiebel, halbiert und in dünnen Scheiben

je 2 große rote und grüne Paprikaschoten, in kurzen dünnen Streifen

2 frische Oreganostängel

3 Knoblauchzehen, zerdrückt

400 g große aromatische Tomaten, gewürfelt

1 TL Zucker

1 große Prise Chilipulver

40 g entsteinte schwarze Oliven, in Scheiben

1 EL Weißweinessig

Salz

frisch gemahlener schwarzer Pfeffer

400 g dicke weißfleischige Fischfilets, z. B. vom Seelachs

15 g frisch gehackte glatte Petersilie

1 Das Öl in einer großen Pfanne erhitzen. Zwiebel, Paprika, Oregano und Knoblauch darin unter Rühren 5 Minuten dünsten, bis sie gerade weich werden.

2 Tomaten, Zucker, Chilipulver, Oliven und Essig zufügen. Alles bei mittlerer bis starker Hitze 3 Minuten unter Rühren kochen, bis die Tomaten weich werden. Dann mit Salz und Pfeffer würzen.

3 Den Fisch in 4 gleich große Portionen teilen, ebenfalls in die Pfanne geben und mit einem Pfannenwender vorsichtig unter das Gemüse schieben. Die Hitze so weit reduzieren, dass die Sauce nur noch leicht köchelt. Dann die Pfanne locker mit Alufolie abdecken und alles 5 Minuten kochen, bis der Fisch gar, aber noch saftig ist.

4 Das fertige Gericht auf tiefe Teller verteilen und mit der Petersilie bestreuen. Nach Belieben mit einem grünen Salat und etwas Brot als Beilage servieren.

Nährwerte pro Portion 1068 kJ, 255 kcal, 24 g Eiweiß, 13 g Fett (2 g gesättigte Fettsäuren), 9 g Kohlenhydrate (7 g Zucker), 3 g Ballaststoffe

- -

TIPP

Wer sehr wenig Zeit hat, kann statt der frischen Paprikaschoten eingelegte Paprikastreifen aus dem Glas und statt der frischen Tomaten gehackte Tomaten aus der Dose verwenden.

- -

Spaghetti alla puttanesca

Die Puttanesca-Sauce ist eine klassische italienische Pastasauce mit einem sehr herzhaften, intensiven Geschmack. Für dieses Rezept werden alle Zutaten des Originals verwendet, auch Kapern, Sardellen und Oliven, allerdings in geringeren Mengen, um den Fettgehalt des Gerichts zu reduzieren.

FÜR 4 PERSONEN

Vorbereitung: 10 Minuten
Zubereitung: 15 Minuten

375 g Spaghetti
4 schwarze Oliven
1 EL Natives Olivenöl Extra
2 Knoblauchzehen, fein gehackt
800 g gehackte Tomaten aus der Dose
1 EL Kapern, abgespült und ausgedrückt
2 Sardellenfilets, fein gehackt oder
  1 TL Sardellenpaste
1/4 TL Chilipulver
1 EL frisch gehackte glatte Petersilie

1 Die Spaghetti in einem großen Topf mit kochendem Wasser gemäß Packungsanweisung bissfest garen. Dann abgießen und warm halten.

2 Unterdessen die Oliven mit der flachen Seite eines breiten Messers zerdrücken, die Kerne entfernen und die Oliven fein hacken.

3 Das Olivenöl in einer großen beschichteten Pfanne erhitzen. Den Knoblauch darin bei mittlerer Hitze 3 Minuten goldbraun braten. Dann Tomaten, Kapern, Sardellen und Chilipulver zufügen. Alles aufkochen und unter Rühren 10 Minuten kochen lassen, bis die Sauce leicht eingedickt ist, dann die Oliven einrühren.

4 Die Spaghetti mit in die Pfanne geben und rundum mit der Sauce überziehen. Mit gehackter Petersilie bestreut servieren.

Nährwerte pro Portion 1694 kJ, 405 kcal, 13 g Eiweiß, 7 g Fett (1 g gesättigte Fettsäuren), 71 g Kohlenhydrate (7 g Zucker), 6 g Ballaststoffe

TIPP

Um den Olivengeschmack der Sauce zu intensivieren, ohne den Fettgehalt zu steigern, sollten Sie unbedingt hochwertige Oliven verwenden. Diese sind zwar teurer als die übliche Supermarktware, dafür aber auch aromatischer. Wählen sie z. B. griechische Kalamata-Oliven, italienische Gaeta-Oliven oder Cattelier-Oliven aus Frankreich.

Farfalle mit Brokkoli und Sardellen _Thunfisch_ ✓

Dieses unkomplizierte Nudelgericht ist ideal als schnelles und leichtes Mittagessen. Wer ein wenig mehr Zeit hat, kann einen fruchtigen Tomatensalat als Beilage dazu reichen. Er verleiht der Mahlzeit mehr Substanz und wertet sie mit zusätzlichen Nährstoffen auf.

FÜR 4 PERSONEN
Vorbereitung: 15 Minuten
Garzeit: 15 Minuten

400 g Farfalle
300 g Brokkoli, in kleinen Röschen
45 g Sardellenfilets aus der Dose, abgetropft
2 EL fettarme Milch
2 EL Natives Olivenöl Extra
4 große Knoblauchzehen, zerdrückt
25 g frische glatte Petersilie, Blätter abgezupft und gehackt
¼ TL Chiliflocken
frisch gemahlener schwarzer Pfeffer
20 g Butter
geriebener Parmesan

1 Die Nudeln in einem großen Topf mit kochendem Wasser gemäß Packungsangabe bissfest kochen. 5 Minuten vor Ende der Garzeit den Brokkoli zugeben. Anschließend Nudeln und Brokkoli gründlich abgießen; dabei 100 ml Sud auffangen.

2 Während die Nudeln kochen, die Sardellen 5 Minuten in der Milch einweichen, um überschüssiges Salz auszuschwemmen. Anschließend abgießen und klein hacken.

3 Das Olivenöl in dem Topf, der vom Nudelkochen noch warm ist, erhitzen. Sardellen, Knoblauch, Petersilie und Chiliflocken zufügen und alles bei mittlerer Hitze unter Rühren sautieren.

4 Nudeln und Brokkoli zusammen mit dem aufgefangenen Sud in den Topf zurückgeben. Alles behutsam vermengen und mit reichlich frisch gemahlenem schwarzen Pfeffer würzen. Die Butter zufügen und den Topf schwenken, bis sie zerlassen ist. Das fertige Gericht auf 4 vorgewärmte Teller verteilen und sofort mit etwas geriebenem Parmesan servieren.

Nährwerte pro Portion 2048 kJ, 489 kcal, 17 g Eiweiß, 15 g Fett (4 g gesättigte Fettsäuren), 70 g Kohlenhydrate (1 g Zucker), 7 g Ballaststoffe

- -

TIPP

Wenn Sie mögen, können Sie zusammen mit den Sardellen und den Gewürzen in Schritt 3 außerdem 1 EL abgespülte Kapern oder 50 g gehackte sonnengetrocknete Tomaten zufügen.

- -

Garnelen auf portugiesische Art

Dieses schlichte Gericht aus der portugiesischen Küche besticht durch den leicht aromatisierten, feinen Geschmack der Garnelen. Als Beilagen reichen ein einfacher grüner Salat und ein paar Scheiben frisches Brot vollkommen aus.

FÜR 2 PERSONEN

Vorbereitung: 15 Minuten
Zubereitung: 5 Minuten

500 g rohe Garnelen
20 g Butter
1 EL Natives Olivenöl Extra
1 kleine rote Chilischote, in dünnen Ringen
1 große Knoblauchzehe, zerdrückt
2 EL Weißwein
2 Frühlingszwiebeln, in Ringen

1 Die Garnelen aus der Schale lösen; dabei die Schwanzenden intakt lassen. Dann die Darmfäden entfernen. Nun einen Schmetterlingsschnitt ausführen. Dazu die Garnelen mit einem scharfen Messer von einer Seite längs einritzen, aber nicht ganz durchschneiden.

2 Butter und Olivenöl in einer Pfanne erhitzen. Die Garnelen darin bei mittlerer bis starker Hitze 2 Minuten braten; dabei mit einer Küchenzange wenden.

3 Chilischote, Knoblauch, Weißwein und Frühlingszwiebeln zufügen und alles 1 weitere Minute braten, bis die Garnelen rötlich-weiß verfärbt und gar sind. Noch heiß sofort servieren.

Nährwerte pro Portion 1177 kJ, 281 kcal, 26 g Eiweiß, 18 g Fett (7 g gesättigte Fettsäuren), 1 g Kohlenhydrate (1 g Zucker), 1 g Ballaststoffe

TIPP

Statt der frischen Garnelen können Sie auch tiefgekühlte und bereits ausgelöste Garnelen für dieses Gericht verwenden. Tauen Sie sie auf, bevor Sie sie in Schritt 2 in die Pfanne geben.

Hummersuppe

Für dieses Rezept kommt alles, was man von einem Hummer verwerten kann, zum Einsatz. Selbst der Panzer wird mitgekocht, um das Aroma zu verstärken. Die Suppe ist sehr cremig, obwohl nur wenig Sahne verwendet wird. Für die Sämigkeit sorgt der Reis.

FÜR 4 PERSONEN

Vorbereitung: 25 Minuten
Zubereitung: 1 Stunde 20 Minuten

1 kleiner gekochter Hummer, ca. 400 g
40 g Butter
1 große Zwiebel, fein gehackt
1 Lauchstange, nur der weiße Teil, fein gehackt
1 Möhre, fein gehackt
1 Selleriestange, fein gehackt
100 ml trockener Weißwein oder Wermut
1 Lorbeerblatt
50 g Langkornreis
250 g Roma-Tomaten, gehäutet, entkernt und gehackt
1 EL Zitronensaft
2 EL Sahne
Salz
frisch gemahlener schwarzer Pfeffer
Tabasco
1½ EL frische Schnittlauchröllchen

1   Die Hummerscheren abdrehen und beiseitelegen. Den Körper vom Schwanzende bis zum Kopf mit einem Messer längs halbieren. Leber und Rogen herauslösen und gekühlt beiseitestellen. Das Hummerfleisch aus den Scheren und dem Körper auslösen. Alle ungenießbaren Teile wegwerfen. Das Fleisch in mundgerechte Stücke schneiden und beiseitestellen. Den Panzer grob zerteilen.

2   Die Hälfte der Butter in einem Topf bei mittlerer Hitze zerlassen. Den Panzer darin braten, bis er am Topfboden anbackt. Dann ein Drittel von Zwiebel, Lauch, Möhre und Sellerie zufügen. Alles 1 Minute unter Rühren mitbraten, dann Wein oder Wermut zugießen und 1 Minute sprudelnd kochen. 1 Liter Wasser zugießen, das Lorbeerblatt zufügen und alles erneut aufkochen. Nun die Hitze reduzieren und alles 30 Minuten köcheln lassen. Durch ein feines Sieb abseihen und alle Fettrückstände von der Oberfläche des Suds abschöpfen.

3   Die restliche Butter in einem Topf bei mittlerer Hitze zerlassen. Die Reste von Zwiebel, Lauch, Möhre und Sellerie zufügen, den Topf abdecken und das Gemüse unter gelegentlichem Rühren 5 Minuten weich dünsten. Nun Reis, Tomaten und den Hummersud zugeben und bis knapp vor den Siedepunkt erhitzen. Kurz bevor die Flüssigkeit kocht, die Hitze reduzieren und alles abgedeckt 25 Minuten köcheln lassen, bis Reis und Gemüse gar sind.

4   Hummerleber und -rogen zufügen. Dann die Suppe mit einem Pürierstab oder in der Küchenmaschine glatt pürieren.

5   Die Suppe behutsam aufwärmen. Den Zitronensaft zufügen und alles 2–3 Minuten sanft köcheln lassen. Nun die Sahne einrühren und alles mit Salz, Pfeffer und ein paar Spritzern Tabasco würzen. Die Suppe auf vorgewärmte Teller verteilen, das Hummerfleisch zufügen, mit Schnittlauch garnieren und sofort servieren.

Nährwerte pro Portion 1281 kJ, 306 kcal, 25 g Eiweiß, 14 g Fett (8 g gesättigte Fettsäuren), 17 g Kohlenhydrate (5 g Zucker), 3 g Ballaststoffe

Schwarze Nudeln mit gebratenem Tintenfisch

Die schwarzen Spaghetti, die Sie für dieses Rezept benötigen, erhalten Sie in Delikatessgeschäften oder großen Supermärkten mit Feinkostabteilung. Durch die dunkle Farbe wirkt das Gericht besonders beeindruckend und ist nicht zuletzt auch deshalb ideal, wenn Sie Gäste erwarten.

FÜR 4 PERSONEN
Vorbereitung: 20 Minuten
Zubereitung: 15 Minuten

500 g küchenfertiger Tintenfisch, abgespült und abgetropft
1 EL Natives Olivenöl Extra
1 Zwiebel, fein gehackt
1 große rote Chilischote, entkernt und fein gehackt
300 g Zucchini, gewürfelt
2 Knoblauchzehen, zerdrückt
500 g aromatische Roma-Tomaten, gewürfelt
100 ml Rotwein
1 EL Tomatenmark
2 TL Zucker
Salz
frisch gemahlener schwarzer Pfeffer
400 g schwarze Spaghetti
15 g frisches Basilikum

1 Die Tentakel des Tintenfischs von der Tube abtrennen. Die Tentakelspitzen abschneiden und wegwerfen. Den Rest der Tentakel beiseitestellen. Die Tube in dünne Ringe schneiden.

2 Das Öl in einer tiefen Pfanne stark erhitzen. Zwiebel und Chilischote darin 3 Minuten sautieren, bis sie leicht gebräunt sind. Dann Tintenfischringe, Zucchini und Knoblauch zugeben und alles weitere 3 Minuten braten, bis das Fleisch des Tintenfischs weiß geworden ist.

3 Nun Tomaten, Rotwein, Tomatenmark und Zucker zugeben und mit Salz und Pfeffer würzen. Gut durchrühren, dann die Hitze auf niedrigste Stufe reduzieren und den Pfanneninhalt 5 Minuten köcheln lassen.

4 Unterdessen die Spaghetti in einem großen Topf mit kochendem Wasser gemäß Packungsanweisung bissfest kochen.

5 Die Tentakel zu den restlichen Zutaten in die Pfanne geben. Ein paar Basilikumblätter für die Garnitur beiseitelegen, den Rest klein zupfen und unter die Sauce rühren. Alles weitere 2 Minuten kochen, bis die Tentakel weiß werden und gar sind.

6 Die Spaghetti abgießen und auf 4 vorgewärmte Teller verteilen. Den Tintenfisch mit der Sauce darauf anrichten und das fertige Gericht mit den beiseitegelegten Basilikumblättern garnieren.

Nährwerte pro Portion 2321 kJ, 554 kcal, 34 g Eiweiß, 8 g Fett (1 g gesättigte Fettsäuren), 76 g Kohlenhydrate (7 g Zucker), 7 g Ballaststoffe

Tintenfisch mit Salz und Pfeffer

Wir haben für dieses Rezept einmal ein Wabenmuster in die Tintenfischhaut geritzt. Sie können die Tuben aber selbstverständlich auch in Ringe schneiden, wenn Ihnen das besser gefällt, oder bereits küchenfertige Tintenfischringe kaufen.

FÜR 4 PERSONEN
Vorbereitung: 10 Minuten
Zubereitung: 10 Minuten

Für den Zitronenpfeffer
fein abgeriebene Schale von 2 großen
    unbehandelten Zitronen
2 EL schwarze Pfefferkörner
2 TL grobkörniges Meersalz

2 Salatgurken, in dünnen Scheiben
2 EL Reisessig
2 TL feinster Zucker
1/4 TL Salz
750 g Tintenfischtuben
Natives Olivenöl Extra, zum Braten

1 Für den Zitronenpfeffer den Backofen auf 150 °C vorheizen. Die Zitronenschale auf einem Backblech ausbreiten und 5 Minuten im Backofen rösten, bis sie getrocknet, aber nicht gebräunt ist. Beiseitestellen und abkühlen lassen. Dann mit Pfefferkörnern und Meersalz in einem Mörser oder einer Gewürzmühle fein mahlen.

2 Die Gurkenscheiben zum Entwässern auf Küchenpapier legen. Reisessig, Zucker und Salz in einer Schüssel mischen, bis sich der Zucker gelöst hat. Die Gurkenscheiben im Dressing wenden.

3 Die Tintenfischtuben an einer Seite aufschneiden, auf der Arbeitsfläche ausbreiten und mit Küchenpapier abtupfen. Das Fleisch mit einem Messer mehrfach kreuzweise einritzen (wodurch es sich später beim Garen aufrollt); dabei darauf achten, dass es nicht durchgeschnitten wird. Die so vorbereiteten Tuben in ca. 5 cm lange Streifen schneiden und mit der Hälfte des Zitronenpfeffers in einer Schale mischen.

4 Reichlich Öl in einer Bratpfanne erhitzen. Die Tintenfischstreifen portionsweise zugeben und unter einmaligem Wenden 1–2 Minuten braten, bis sie sich weiß verfärbt haben.

5 Die fertig gebratenen Tintenfischstreifen mit dem restlichen Zitronenpfeffer bestreuen und mit dem Gurkensalat servieren.

Nährwerte pro Portion 860 kJ, 205 kcal, 32 g Eiweiß, 7 g Fett (1 g gesättigte Fettsäuren), 6 g Kohlenhydrate (4 g Zucker), 1 g Ballaststoffe

- -

TIPPS

■ Das Aroma des Zitronenpfeffers lässt sich verstärken, indem man ihn kurz vor der Verwendung bei mittlerer Hitze in einer fettfreien Pfanne noch einmal anröstet.
■ Geben Sie zusätzlich etwas Avocado, Mango und Brunnenkresse zum Gurkensalat und servieren Sie gedämpften Jasminreis als Beilage zum Tintenfisch.

- -

Tintenfischringe mit Tomaten-Vinaigrette

Champagneressig ist ein heller milder Essig, den man in Feinkostgeschäften erhält. Man kann ihn aber auch durch einen leichten Weißweinessig ersetzen. Der Tintenfisch muss zwar scharf angebraten werden, um ihn durchzugaren, er darf aber nicht anbrennen.

FÜR 4 PERSONEN ALS LEICHTE MAHLZEIT

Vorbereitung: 30 Minuten, plus 2 Stunden Marinierzeit

Zubereitung: 3 Minuten

500 g küchenfertige Tintenfischringe

2 Knoblauchzehen, zerdrückt

4 EL fein gehackte frische Petersilie

2 EL Natives Olivenöl Extra

4 EL Weißwein

Salz

frisch gemahlener schwarzer Pfeffer

1 kleiner Romanasalat

Für die Vinaigrette

2 große aromatische Tomaten

2 EL Natives Olivenöl Extra

1 EL Champagneressig

2 EL Zitronensaft

4 Zweige frischer Thymian, fein gehackt

Salz

frisch gemahlener schwarzer Pfeffer

1 Tintenfisch, Knoblauch und Petersilie in eine Schüssel geben. Öl und Weißwein zufügen, mit Salz und Pfeffer würzen, dann alles gut mischen und zugedeckt im Kühlschrank etwa 2 Stunden marinieren.

2 Den Salat putzen, waschen und trockenschleudern, zerteilen und die Blätter auf Portionstellern auslegen.

3 Für die Vinaigrette die Tomaten waschen und halbieren. Stielansätze und Kerne entfernen, die Früchte sehr klein würfeln. Öl, Champagneressig, Zitronensaft und Thymian in eine Schüssel geben. Die Tomatenwürfel zufügen und alles gründlich vermengen, dann mit Salz und Pfeffer abschmecken. Die Vinaigrette über die Salatblätter träufeln.

4 Den Grill auf mittlerer Hitze vorheizen. Die Tintenfischringe darauf in 3–5 Minuten garen, dabei gelegentlich wenden. Heiß auf dem Salat anrichten und sofort servieren.

Nährwerte pro Portion 1233 kJ, 295 kcal, 22 g Eiweiß, 20 g Fett (3 g gesättigte Fettsäuren), 3 g Kohlenhydrate (2 g Zucker), 2 g Ballaststoffe

Salate und Gemüse

Knackige Salate und frisches Gemüse sind aus der mediterranen Küche nicht wegzudenken, gedeihen doch auf den fruchtbaren Böden rund ums Mittelmeer zahlreiche Sorten schmackhafter und gesunder Nutzpflanzen. Die mit ihnen zubereiteten Gerichte schmecken als leichte Mahlzeit ebenso gut wie als köstliche Beilagen.

Gebratenes Gemüse mit Halloumi

Einfach etwas Öl mit Knoblauch und Thymian aromatisieren und darin knackfrisches Gemüse wenden, das anschließend ebenso wie der leicht salzige Halloumi gebraten wird – und schon ist ein großartiges Essen fertig, zu dem Couscous besonders gut passt.

FÜR 4 PERSONEN
Vorbereitung: 15 Minuten
Zubereitung: 15 Minuten

2 Zucchini, längs halbiert und in dünne
   Scheiben geschnitten
1 Aubergine, längs halbiert und in dünne
   Scheiben geschnitten
1 rote Paprikaschote, entkernt und
   in breite Streifen geschnitten
8 Kirschtomaten
3 EL Natives Olivenöl Extra
1 Knoblauchzehe, zerdrückt
1 TL frische Thymianblättchen
Salz
frisch gemahlener schwarzer Pfeffer
250 g Halloumi (zyprischer Käse)
250 g Instant-Couscous
400 ml heiße Gemüsebrühe

1   Zucchini, Aubergine, Paprikaschote und Tomaten in eine Schüssel geben. Das Öl mit Knoblauch, Thymian, Salz und Pfeffer verrühren. 2 EL davon zum Gemüse geben und behutsam untermischen.

2   Eine Grillpfanne oder eine beschichtete Pfanne erhitzen. Das Gemüse darin portionsweise pro Seite 1–2 Minuten braten, bis es Farbe angenommen hat; herausnehmen und warm halten.

3   Den Halloumi in 8 Stücke schneiden. Die Stücke pro Seite 1–2 Minuten braten, bis sie Farbe angenommen haben. Herausnehmen und mit dem Gemüse auf einer Platte anrichten.

4   In der Zwischenzeit den Couscous in eine hitzebeständige Servierschüssel geben und die heiße Brühe darübergießen. Behutsam durchrühren, dann abdecken und 5 Minuten quellen lassen. Die restliche Ölmischung unterrühren.

5   Den Halloumi und das Gemüse auf dem Couscous anrichten und sofort servieren.

Nährwerte pro Portion 2276 kJ, 544 kcal, 23 g Eiweiß, 25 g Fett (9 g gesättigte Fettsäuren), 55 g Kohlenhydrate (7 g Zucker), 4 g Ballaststoffe

- -

TIPP

Anstelle von Zucchini, Aubergine und Paprika können Sie auch Minimaiskolben, grünen Spargel und Champignons verwenden.

- -

Couscous-Pilaw

Ein Pilaw ist ein orientalisches Eintopfgericht, das traditionell mit Langkornreis zubereitet wird. In einigen Ländern, wie z. B. in der Türkei, wird teils auch Bulgur anstelle von Reis verwendet. In unserem Rezept ist der Reis durch Couscous ersetzt, der wesentlich schneller gart.

FÜR 6 PERSONEN
Vorbereitung: 25 Minuten
Zubereitung: 40 Minuten

1 EL Natives Olivenöl Extra
1 Zwiebel, gehackt
3 Knoblauchzehen, gehackt
1 kleine Möhre, gewürfelt
2 1/2 TL Paprikapulver
2 TL gemahlener Kreuzkümmel
1 TL mildes Chilipulver
1 TL gemahlener Koriander
1 TL Garam Masala
1/2 TL gemahlener Ingwer
1/2 TL Zimtpulver
4 grüne Kardamomkapseln
100 g Süßkartoffel, gewürfelt
100 g Speiserübe, gewürfelt
1 Zucchini, gehackt
100 g grüne Bohnen, in kleinen Stücken
400 g gehackte Tomaten aus der Dose
1 l Gemüsebrühe
400 g Borlotti-Bohnen aus der Dose,
    abgespült und abgetropft
250 g Weißkohl, grob gehackt
100 g Brokkoliröschen
325 g Instant-Couscous
30 g Sultaninen
Salz
frisch gemahlener schwarzer Pfeffer
fettarmer Naturjoghurt

1 Das Öl in einem großen Topf erhitzen. Zwiebel und Knoblauch darin 3 Minuten dünsten, bis die Zwiebel gerade weich wird. Nun die Möhre zufügen und 3 Minuten mitdünsten.

2 Paprikapulver, Kreuzkümmel, Chilipulver, Koriander, Garam Masala, Ingwer und Zimtpulver einrühren. Die Kardamomkapseln aufbrechen, die Samen herauskratzen und ebenfalls in die Pfanne geben. Alles einige Sekunden unter Rühren braten, dann Süßkartoffel, Speiserübe und Zucchini zugeben. Die grünen Bohnen in den Topf geben und das Gemüse 5 Minuten dünsten, bis es gerade weich wird.

3 Tomaten und Brühe einrühren und die Borlotti-Bohnen zugeben. Alles aufkochen, die Hitze reduzieren, den Topf abdecken und das Gemüse 10–15 Minuten köcheln lassen. Danach Weißkohl und Brokkoli zugeben und abgedeckt weitere 5 Minuten kochen.

4 Die Hitze so weit wie möglich reduzieren. Couscous und Sultaninen in den Topf geben und alles mit Salz und Pfeffer würzen. Den Topfinhalt gut durchrühren und abgedeckt weitere 5 Minuten sanft köcheln lassen. Der Couscous sollte die gesamte Flüssigkeit aufgenommen haben, weich geworden und aufgequollen sein.

5 Das fertige Gericht zusammen mit dem Joghurt servieren.

Nährwerte pro Portion 892 kJ, 213 kcal, 9 g Eiweiß, 5 g Fett (<1 g gesättigte Fettsäuren), 34 g Kohlenhydrate (12 g Zucker), 8 g Ballaststoffe

- -

TIPP

Für einen Tahini-Joghurt als Beilage 2 EL Tahini mit 1 zerdrückten Knoblauchzehe und 90 g fettarmem Naturjoghurt mischen. Dann 80 ml Wasser und 1 EL Zitronensaft zugießen und 1/2 TL gemahlenen Kreuzkümmel einrühren. Abschmecken und mit frisch gehacktem Koriander bestreuen.

- -

Tabbouleh

Dieses Gericht aus der libanesischen Küche passt hervorragend als Beilage zu Falafel und gegrilltem Fleisch. Außerdem ist es wichtiger Bestandteil eines Mezze-Angebots, einer Auswahl verschiedener kleinerer Gerichte, die im Nahen Osten als Vorspeisen oder Zwischenmahlzeit gereicht werden.

FÜR 4 PERSONEN

Zubereitung: 30 Minuten,
  plus 20 Minuten Einweichzeit

125 g Bulgur

300 ml kochendes Wasser oder heiße
  Gemüsebrühe

2 EL Natives Olivenöl Extra

Saft von 1 unbehandelten Zitrone

4 Frühlingszwiebeln, in dünnen Ringen

2 Tomaten, gewürfelt

80 g frische glatte Petersilie, gehackt

frisch gemahlener schwarzer Pfeffer

1 Den Bulgur in eine hitzebeständige Schüssel geben, mit dem kochenden Wasser bzw. der Brühe übergießen und 20 Minuten einweichen lassen, bis er die gesamte Flüssigkeit aufgenommen hat. Dabei zwischendurch einmal umrühren. Der Bulgur darf nicht zu wässrig sein. Bei Bedarf den Bulgur in ein Sieb geben und überschüssige Flüssigkeit sanft auspressen.

2 Olivenöl und Zitronensaft zum Bulgur geben. Dann Frühlingszwiebeln, Tomaten und Petersilie einrühren und alles mit frisch gemahlenem Pfeffer würzen. Zimmerwarm servieren.

Nährwerte pro Portion 869 kJ, 208 kcal, 5 g Eiweiß, 10 g Fett (1 g gesättigte Fettsäuren), 24 g Kohlenhydrate (4 g Zucker), 8 g Ballaststoffe

Orientalisches Möhrenmus

Bestimmte sekundäre Pflanzenstoffe in Möhren blockieren möglicherweise die Wirkung von Enzymen, die für die Ausbreitung bösartiger Tumorzellen verantwortlich sind. Einige Studien lassen außerdem darauf schließen, dass diese Stoffe Herzerkrankungen vorbeugen können.

FÜR 4 PERSONEN
Vorbereitung: 20 Minuten
Zubereitung: 10 Minuten

500 g Möhren, geschält und in dünne
   Scheiben geschnitten
2 TL Pflanzenöl
1 TL gemahlener Koriander
1 TL gemahlener Kreuzkümmel
1/4 TL gemahlener Ingwer
Salz
2 TL Honig
2 EL Zitronensaft
1 EL Orangensaft
20 g frischer, fein gehackter Koriander

1 Die Möhren in einen Topf mit leicht kochendem Wasser geben und 5 Minuten garen, bis sie gerade weich geworden sind. Dann mit ein wenig Kochsud im Mixer oder in einer Küchenmaschine grob zerkleinern.

2 Eine beschichtete Pfanne bei mittlerer Hitze auf dem Herd erwärmen und Öl, Koriander, Kreuzkümmel, Ingwer und 1 Prise Salz zufügen. Die Gewürze 2–3 Minuten in der Pfanne rösten, bis sie ihr Aroma entfalten, anschließend vom Herd nehmen. Die Möhren in die Pfanne geben und mit den Gewürzen mischen. Zuletzt den Honig unterrühren.

3 Das Möhrenmus in eine Servierschale füllen und mit Zitronensaft, Orangensaft und Koriander vermengen.

Nährwerte pro Portion 297 kJ, 71 kcal, 1 g Eiweiß, 3 g Fett (<1 g gesättigte Fettsäuren), 11 g Kohlenhydrate (10 g Zucker), 4 g Ballaststoffe

Kichererbsen-Couscous-Salat

Couscous ist eine ideale Grundzutat für einen schnellen Salat, denn zum Garen muss er nur kurz in heißer Brühe oder heißem Wasser ziehen. Aus ihm sowie Kichererbsen, Datteln, Orangen und Pistazien lässt sich ein aromatischer vegetarischer Salat zubereiten.

FÜR 4 PERSONEN

Zubereitung: 25 Minuten,
    plus 10 Minuten und 1 Stunde
    zum Ziehen

175 g Instant-Couscous

300 ml heiße Gemüsebrühe

2 Orangen

400 g Kichererbsen aus der Dose,
    abgespült und abgetropft

125 g kernlose getrocknete Datteln,
    grob gehackt

50 g Pistazien, grob gehackt

3 EL frisch gehackte Minze

Salz

frisch gemahlener schwarzer Pfeffer

Für das Zitrusdressing

½ TL abgeriebene Orangenschale

2 EL Natives Olivenöl Extra

2 EL Zitronensaft

1 TL Paprikapulver

Salz

frisch gemahlener schwarzer Pfeffer

1 Den Couscous in eine große hitzebeständige Schüssel geben, mit der heißen Brühe übergießen und 10 Minuten ziehen lassen, bis die gesamte Brühe aufgenommen ist.

2 Unterdessen für das Dressing Orangenschale, Öl, Zitronensaft und Paprikapulver in einer kleinen Schale mischen und mit Salz und Pfeffer abschmecken.

3 Den Couscous mit einer Gabel auflockern und das Dressing darübergießen, während der Couscous noch warm ist.

4 Die Orangen schälen, sodass auch das dünne Häutchen rund um das Fruchtfleisch mitentfernt wird. Anschließend die Orangenfilets auslösen. Dazu mit einem scharfen Messer an den Trennwänden zwischen den einzelnen Segmenten entlangfahren. Dabei über einer Schale arbeiten, um den austretenden Fruchtsaft aufzufangen. Die ausgelösten Orangenfilets halbieren.

5 Die Orangenfilets mit dem gesamten ausgetretenen Fruchtsaft sowie Kichererbsen, Datteln, Pistazien und 2 EL Minze unter den Couscous rühren. Alles mit Salz und Pfeffer abschmecken und mindestens 1 Stunde ziehen lassen, damit sich der volle Geschmack entfalten kann. Den fertigen Salat vor dem Servieren mit der restlichen Minze bestreuen.

Nährwerte pro Portion 1609 kJ, 384 kcal, 9 g Eiweiß, 17 g Fett (2 g gesättigte Fettsäuren), 48 g Kohlenhydrate (28 g Zucker), 9 g Ballaststoffe

Fruchtiger Linsensalat

Dieser Salat ist nicht nur sättigend, sondern auch gesund. Neben vielen Proteinen und B-Vitaminen enthalten Linsen lösliche Ballaststoffe, die helfen können, den Cholesterinspiegel zu senken. Hier werden sie noch warm mit dem Dressing vermengt, wodurch sie besonders aromatisch werden.

FÜR 4 PERSONEN
Vorbereitung: 20 Minuten
Zubereitung: 35 Minuten

250 g grüne Linsen, abgespült

1 Knoblauchzehe, geschält

1 großzügige Prise Kreuzkümmel

1 Zitronenscheibe

1 kleine rote Zwiebel, fein gehackt

90 g getrocknete Aprikosen,
  grob gehackt

je 1 kleine rote, grüne und gelbe Paprikaschote, gewürfelt

100 g kleine Brokkoliröschen

50 g schnittfester Ziegenkäse ohne
  Rinde, fein gewürfelt

2 EL Sonnenblumenkerne, geröstet

Für das Dressing

Saft von 1 unbehandelten Zitrone

60 ml Natives Olivenöl Extra

2 EL frischer, fein gehackter Koriander

Salz

frisch gemahlener schwarzer Pfeffer

1 Die Linsen in einen großen Topf geben, mit Wasser bedecken und aufkochen; Schaum, der dabei an die Oberfläche steigt, abschöpfen. Dann Knoblauch, Kreuzkümmel und Zitronenscheibe zufügen. Die Hitze reduzieren und die Linsen 30 Minuten köcheln lassen, bis sie gar sind.

2 Unterdessen für das Dressing Zitronensaft, Olivenöl und Koriander in einer großen Salatschüssel mischen und mit Salz und Pfeffer würzen.

3 Die Linsen abgießen. Zitronenscheibe und Knoblauch herausnehmen und wegwerfen. Die Linsen in die Salatschüssel geben und behutsam mit dem Dressing mischen.

4 Zwiebel, Aprikosen, Paprika und Brokkoliröschen zugeben und vorsichtig unterheben. Den fertigen Salat mit Ziegenkäse und Sonnenblumenkernen bestreuen und sofort servieren.

Nährwerte pro Portion 1140 kJ, 272 kcal, 10 g Eiweiß, 18 g Fett (3 g gesättigte Fettsäuren), 19 g Kohlenhydrate (12 g Zucker), 7 g Ballaststoffe

Gebackene Tomaten mit Couscous-Füllung

Diese mit Couscous, getrockneten Aprikosen, Datteln, Rosinen und Pinienkernen gefüllten Tomaten ergeben eine farbenfrohe Beilage oder – mit Baguette serviert – ein leichtes Sommergericht. Falls Fleischtomaten nicht erhältlich sind, können Sie auch feste handelsübliche Tomaten verwenden.

FÜR 4 PERSONEN
Vorbereitung: 30 Minuten
Zubereitung: 25 Minuten

8 große Fleischtomaten
300 ml Gemüsebrühe
75 g getrocknete Aprikosen, gehackt
4 EL gehackte getrocknete Datteln
4 EL Rosinen
1 EL Natives Olivenöl Extra
80 g Pinienkerne
4 Frühlingszwiebeln, in dünnen Ringen
1/2 TL gemahlener Kreuzkümmel
1/2 TL gemahlener Koriander
175 g Instant-Couscous
2 EL frisch gehackte glatte Petersilie
Salz
frisch gemahlener schwarzer Pfeffer
250 g griechischer Joghurt oder Tsatsiki

1 Den Backofen auf 200 °C vorheizen. Von den Tomaten am Stielansatz Deckel abschneiden und beiseitelegen. Mit einem Teelöffel Kerne und Fleisch aus den Tomaten kratzen und in ein Sieb geben. Das Sieb über eine Schüssel hängen und mit dem Löffelrücken den Saft aus den Tomatenresten drücken. Das ausgepresste Tomatenfleisch wegwerfen, den Saft beiseitestellen. Die ausgehöhlten Tomaten in eine Auflaufform stellen.

2 Die Brühe in einem Topf zum Köcheln bringen. Unterdessen die Trockenfrüchte in eine Schale geben und in 4 EL des aufgefangenen Tomatensafts einweichen. Den restlichen Tomatensaft mit so viel Brühe aufgießen, dass sich insgesamt 350 ml Flüssigkeit ergeben.

3 2 TL des Olivenöls in einer beschichteten Pfanne erhitzen. Die Pinienkerne darin bei geringer Hitze 3 Minuten unter Rühren goldbraun rösten und ebenfalls auf einem Teller beiseitestellen.

4 Das restliche Öl in die Pfanne geben und die Frühlingszwiebeln darin 2 Minuten weich dünsten. Kreuzkümmel und Koriander zufügen und einige Sekunden mitdünsten, dann die Brühe zugießen, aufkochen und vom Herd nehmen. Den Couscous unter Rühren gleichmäßig einstreuen. Alles abdecken und 3 Minuten ziehen lassen.

5 Trockenfrüchte, Pinienkerne und Petersilie unter den Couscous rühren und alles mit Salz und Pfeffer abschmecken. Die fertige Couscous-Mischung in die ausgehöhlten Tomaten füllen und die Deckel aufsetzen. Die so vorbereiteten Tomaten 15 Minuten backen, bis sie weich sind. Vor dem Servieren 5 Minuten ruhen lassen. Anschließend mit Joghurt oder Tsatsiki servieren.

Nährwerte pro Portion 2449 kJ, 585 kcal, 19 g Eiweiß, 21 g Fett (3 g gesättigte Fettsäuren), 78 g Kohlenhydrate (38 g Zucker), 10 g Ballaststoffe

Fatousch mit Kichererbsen

Wie Tabbouleh stammt Fatousch aus der libanesischen Küche. Dünnes Fladenbrot wird hierfür frittiert oder gebraten und verleiht dem Salat – ähnlich wie Croûtons – eine besondere Knuspernote. Man kann die Kichererbsen zur Abwechslung auch einmal durch grüne Puy-Linsen ersetzen.

FÜR 4 PERSONEN
Vorbereitung: 20 Minuten
Zubereitung: 5 Minuten

2 große Pitabrote
80 ml Natives Olivenöl Extra
Saft von 1 unbehandelten Zitrone
1 TL Sumak
Salz
frisch gemahlener schwarzer Pfeffer
2 EL frisch gehackter Koriander
2 EL frisch gehackte Minze, plus ein paar
    zusätzliche Blättchen zum Garnieren
1/2 Salatgurke, gewürfelt
4 große Tomaten, entkernt und gewürfelt
4 Frühlingszwiebeln, schräg in Ringe
    geschnitten
400 g Kichererbsen aus der Dose,
    abgespült und abgetropft

1   Die Pitabrote 1 Minute auf dem Toaster erwärmen, damit sie sich leichter teilen lassen. Die warmen Brote mit einem Messer aufschneiden und in je zwei Hälften teilen. Diese jeweils 1 Minute toasten, bis sie knusprig und goldbraun geworden sind. Dann in mundgerechte Stücke zupfen.

2   Für das Dressing Öl und Zitronensaft in einer kleinen Schale mischen. Sumak, Salz und Pfeffer zufügen, zuletzt den Koriander und die gehackte Minze unterrühren.

3   Gurke, Tomaten, Frühlingszwiebeln und Kichererbsen in eine große Schüssel geben. Das Dressing zugießen und gut unterheben. Kurz vor dem Servieren die gerösteten Pitastücke zufügen und untermengen. Mit Minzeblättchen garniert servieren.

Nährwerte pro Portion 1637 kJ, 391 kcal, 11 g Eiweiß, 20 g Fett (3 g gesättigte Fettsäuren), 41 g Kohlenhydrate (6 g Zucker), 7 g Ballaststoffe

- -

TIPP

Sumak besteht aus den getrockneten, gemahlenen Beeren des Gerber-Sumachs. Nahöstlichen Speisen verleiht er ein angenehmes Zitrusaroma. Erhältlich ist Sumak in türkischen Lebensmittelgeschäften.

- -

Auberginen-Spinat-Salat mit Kichererbsen

Kichererbsen werden in der Mittelmeerküche, insbesondere im Nahen Osten, häufig verwendet. Sie haben einen ganz eigenen, nussig-erdigen Geschmack. Die verwendeten Auberginen sollten am besten mittelgroß sein, da große oft viele Kerne enthalten und bitter schmecken.

FÜR 4 PERSONEN

Vorbereitung: 5 Minuten
Zubereitung: 6 Minuten

2 Auberginen, ca. 500 g Gesamtgewicht, in dünnen Scheiben

4 EL Natives Olivenöl Extra

150 g junger Spinat, gewaschen, verlesen und in einzelne Blätter geteilt

175 g gekochte Kichererbsen

250 g Feta, zerbröselt

1 kleine rote Zwiebel, halbiert und in Streifen geschnitten

3 EL frisch gehackte Minze

2 EL Zitronensaft

1 Die Auberginenscheiben von beiden Seiten mit der Hälfte des Öls bestreichen. In eine große, beschichtete Pfanne geben und bei mittlerer Hitze von jeder Seite 2–3 Minuten goldbraun braten.

2 Die Spinatblätter auf einer Servierplatte verteilen. Auberginenscheiben, Kichererbsen, Feta, Zwiebelstreifen und Minze darauf anrichten.

3 Das restliche Olivenöl mit dem Zitronensaft mischen und über den Salat gießen. Den fertigen Salat zimmerwarm servieren.

Nährwerte pro Portion 1770 kJ, 423 kcal, 17 g Eiweiß, 34 g Fett (12 g gesättigte Fettsäuren), 12 g Kohlenhydrate (4 g Zucker), 6 g Ballaststoffe

TIPP

Die Auberginenscheiben vor der Verarbeitung mit Salz bestreuen und eine Weile ziehen lassen, um die Bitterstoffe zu neutralisieren. Anschließend abspülen und mit Küchenpapier trocken tupfen.

Überbackene Auberginen

Diese unkomplizierte Variante der Parmigiana di melanzane, des aus der Region um Neapel stammenden Auberginenauflaufs, ist ein typisches Beispiel für die einfache und ursprüngliche, aber dennoch so überaus köstliche italienische Küche.

FÜR 4 PERSONEN
Zubereitung: 25 Minuten

8 EL Natives Olivenöl Extra

500 g Auberginen, in dünne Scheiben geschnitten

125 g Mozzarella, in dünne Scheiben geschnitten

200 g passierte Tomaten

2 EL gehackter Basilikum oder Oregano

Salz

frisch gemahlener schwarzer Pfeffer

25 g frischer Parmesan, gerieben

1 Zunächst 2 EL Öl in einer großen oder zwei kleinen Pfannen erhitzen und die Auberginenscheiben darin portionsweise bei starker Hitze goldbraun braten. Dabei einmal wenden und für jede weitere Portion zusätzliches Öl zugeben. Währenddessen den Grill auf höchster Stufe vorheizen.

2 In eine flache, backofenfeste Form abwechselnd Auberginenscheiben, Mozzarella, passierte Tomaten und die Kräuter schichten. Mit Salz und Pfeffer würzen und mit Parmesan bestreuen,

3 Den Auflauf unter dem Grill etwa 4–5 Minuten goldbraun überbacken und zu gegrilltem Fleisch oder gekochtem weißfleischigen Fisch servieren oder auch als geschmacksintensive Beilage zu einem Risotto.

Nährwerte pro Portion 323 kcal, 1357kJ, 12 g Eiweiß, 28 g Fett (8 g gesättigte Fettsäuren), 6 g Kohlenhydrate (6 g Zucker), 4 g Ballaststoffe

Gegrillte Knoblauchchampignons mit Polenta

Die aus sehr fein gemahlenem Maismehl bestehende Polenta ist eine hervorragende kohlenhydrathaltige Beilage für alle, die sich glutenfrei ernähren und daher auf Weizenmehlprodukte aller Art verzichten müssen. Auch ihr geringer Fettgehalt spricht für sie.

FÜR 4 PERSONEN

Zubereitung: 20 Minuten,
  plus 30 Minuten Ruhezeit

650 ml Hühnerbrühe
180 g Instant-Polenta
30 g geriebener Parmesan
2 EL Natives Olivenöl Extra
500 g kleine Champignons
200 g kleine Kirschtomaten
3 Knoblauchzehen, zerdrückt
3 TL frischer Thymian
1 EL Cream Sherry
Salz
frisch gemahlener schwarzer Pfeffer
Rucola

1 Den Boden einer runden Backform (20 cm Ø) mit Alufolie auslegen. Die Brühe in einem Topf aufkochen. Nach und nach unter ständigem Rühren die Polenta einstreuen. Die Hitze auf niedrigste Stufe reduzieren und die Polenta 3–4 Minuten unter Rühren quellen lassen, bis sie eingedickt ist und die winzigen Grießkörnchen gar sind. Nun den Parmesan einrühren und schmelzen lassen. Die fertige Masse in die Kuchenform füllen, glatt streichen und 30 Minuten ruhen lassen, bis sie fest geworden ist.

2 Einen Grill mit Rost und Grillpfanne oder Gussplatte auf mittlere bis starke Hitze vorheizen. Die Polenta in Stücke schneiden, mit der Hälfte des Öls bestreichen und auf dem Rost über direkter Hitze von jeder Seite ca. 5 Minuten goldbraun und knusprig grillen.

3 Unterdessen Champignons, Tomaten, Knoblauch, Thymian, Sherry und das restliche Öl in einer Schüssel mischen und mit Salz und Pfeffer würzen. Anschließend das Gemüse in die Grillpfanne geben oder auf die Gussplatte legen und über direkter Hitze unter gelegentlichem Wenden 5 Minuten garen, bis es weich geworden und leicht gebräunt ist.

4 Das fertige Gemüse mit dem Rucola und den Polentastücken auf Tellern anrichten und servieren.

Nährwerte pro Portion 1376 kJ, 329 kcal, 14 g Eiweiß, 13 g Fett (3 g gesättigte Fettsäuren), 37 g Kohlenhydrate (4 g Zucker), 6 g Ballaststoffe

Spanische Tortilla

Dieses farbenfrohe aromatische Omelett kann warm oder kalt verzehrt werden. Eine klassische Tortilla enthält nur Kartoffeln, Zwiebeln und Eier. Unsere Variante wurde mit zusätzlichem Gemüse und magerem Schinken geschmackvoll angereichert. Dazu passt ein grüner Salat.

FÜR 4 PERSONEN
Vorbereitung: 15 Minuten
Zubereitung: 30 Minuten

400 g neue Kartoffeln, abgebürstet und in dünne Scheiben geschnitten
150 g tiefgekühlte Erbsen
3 EL Pflanzenöl
1 große Zwiebel, halbiert und in dünne Streifen geschnitten
2 große Knoblauchzehen, zerdrückt
6 große Eier
4 EL frisch gehackte glatte Petersilie
frisch gemahlener schwarzer Pfeffer
175 g magerer Schinken in ca. 5 mm dicken Scheiben, in mundgerechte Stücke geschnitten
6 Kirschtomaten, geviertelt

1 Leicht gesalzenes Wasser in einem Topf aufkochen. Kartoffeln und Erbsen zufügen und das Wasser erneut zum Kochen bringen. Dann die Hitze reduzieren und alles 3 Minuten köcheln lassen, bis die Kartoffeln gerade weich werden. Abgießen und beiseitestellen.

2 Nun 2 EL des Öls in einer Pfanne (25 cm Ø) mit hitzebeständigem Griff stark erhitzen. Die Hitze auf mittlere Stufe reduzieren, die Zwiebel zufügen und 2 Minuten in der Pfanne sautieren. Den Knoblauch zufügen und alles weitere 3 Minuten braten, bis die Zwiebel weich, aber noch nicht braun geworden ist. Nun Kartoffeln und Erbsen zufügen und 5 Minuten unter Rühren mitbraten, bis die Kartoffeln gar sind. Dann die Pfanne vom Herd nehmen.

3 Die Eier in einer großen Schüssel mit der Petersilie und ein wenig Pfeffer verquirlen, anschließend Schinken, Tomaten und die Kartoffelmischung aus der Pfanne unterrühren.

4 Die Pfanne bei mittlerer Hitze auf den Herd zurückstellen. Das restliche Öl zufügen und in der Pfanne schwenken. Sobald das Öl heiß ist, die Eimischung zufügen, gleichmäßig verteilen und 5–7 Minuten bei geringer Hitze braten, bis das Ei am Pfannenboden gestockt ist. Dabei die Pfanne regelmäßig schwenken und die schon gestockte Eimasse mit einem Pfannenwender von der Pfannenwand lösen, damit die noch ungestockte Masse darunterlaufen kann. Unterdessen den Backofengrill auf mittlere Stufe vorheizen.

5 Die Pfanne in den Backofen geben und die Tortilla 5 Minuten grillen, bis die Eimasse von oben gänzlich gestockt und goldbraun ist. Zur Garprobe die Tortilla mit einem scharfen Messer einstechen. Die fertige Tortilla auf einen Teller gleiten und 2 Minuten ruhen lassen. Aufschneiden und servieren.

Nährwerte pro Portion 1667 kJ, 398 kcal, 24 g Eiweiß, 24 g Fett (5 g gesättigte Fettsäuren), 20 g Kohlenhydrate (4 g Zucker), 3 g Ballaststoffe

Gnocchi verde

Die Italiener kennen eine Vielzahl verschiedener Gnocchi-Rezepte. Die tiefgrünen Klößchen unseres Rezepts werden mit Spinat oder Mangold, Ricotta und Eiern zubereitet. Sie schmecken so aromatisch, dass eine schlichte Salbeibutter als Sauce vollkommen ausreicht.

FÜR 4 PERSONEN

Vorbereitung: 25 Minuten, plus 3–4 Stunden Kühlzeit

Zubereitung: 20 Minuten

500 g Spinat oder junger Mangold
200 g fettarmer Ricotta
1 Prise frisch geriebene Muskatnuss
1 Prise frisch gemahlener schwarzer Pfeffer
3 Eier
20 g geriebener Parmesan, plus 1 EL mehr zum Servieren (nach Belieben)
35 g Mehl, gesiebt
20 g Butter
1 EL Natives Olivenöl Extra
12 frische Salbeiblätter

1 Spinat oder Mangold waschen und die Strünke entfernen. Die Blätter in einem großen Topf mit leicht gesalzenem Wasser 5 Minuten blanchieren. Dann abgießen und überschüssiges Wasser auspressen. Die Blätter auf Küchenpapier ausbreiten und vollständig trocknen lassen.

2 Spinat oder Mangold fein hacken, mit Ricotta, Muskat und Pfeffer in eine Schüssel geben und gründlich mischen. Nach und nach Eier, Parmesan und Mehl unterrühren. Die fertige Mischung für 3–4 Stunden oder auch über Nacht kalt stellen.

3 Die erkaltete Gnocchi-Mischung portionsweise zu weinkorkengroßen Zylindern rollen.

4 Salzwasser in einem großen Topf zum Kochen bringen. Die Hitze reduzieren, bis das Wasser nur noch leicht köchelt. Die Gnocchi portionsweise in den Topf gleiten und ca. 5 Minuten ziehen lassen; sobald sie gar sind, steigen sie von selbst an die Wasseroberfläche. Dann mit einem Schaumlöffel aus dem Topf heben, gründlich abtropfen lassen und warm halten.

5 Die Butter mit dem Olivenöl in einer kleinen Pfanne zerlassen. Die Salbeiblätter leicht zerstoßen und zufügen. Das Fett so lange erhitzen, bis sich Bläschen bilden, und über die Gnocchi gießen. Das fertige Gericht nach Belieben mit Parmesan bestreuen und sofort servieren.

Nährwerte pro Portion 1115 kJ, 266 kcal, 16 g Eiweiß, 19 g Fett (8 g gesättigte Fettsäuren), 8 g Kohlenhydrate (2 g Zucker), 4 g Ballaststoffe

Kürbis-Gnocchi mit Paprikasauce

Gnocchi sind im Grunde Nockerln, also kleine Klöße. In der italienischen Küche sind sie sehr beliebt. Die bekannteste Sorte wird, wie in diesem Rezept, aus Mehl, Ei und anderen Zutaten wie Kartoffeln oder Kürbis zubereitet. Meist werden sie mit einer leichten Sauce serviert.

FÜR 4 PERSONEN

Vorbereitung: 1 Stunde, plus 1–2 Stunden Trockenzeit
Zubereitung: 1 Stunde 10 Minuten

500 g Kürbis, entkernt und in Spalten geschnitten

250 g Ricotta

1 Ei, verquirlt

10 g frischer Salbei, gehackt

35 g Parmesan, gerieben

200 g Mehl, plus etwas mehr zum Ausrollen

frische Salbeiblätter, zum Garnieren

Für die Paprikasauce

2 rote Paprikaschoten, entkernt und halbiert

1 Zwiebel, halbiert

1 EL Natives Olivenöl Extra

Salz

frisch gemahlener schwarzer Pfeffer

1 Den Backofen auf 200 °C vorheizen. Die Kürbisspalten mit der Schale nach oben auf ein Backblech legen. Paprika und Zwiebel mit der Schnittfläche nach unten auf einem zweiten Backblech verteilen. Zunächst den Kürbis in den Ofen schieben und 15 Minuten backen, dann das Blech mit Paprika und Zwiebel und das ganze Gemüse weitere 30–40 Minuten backen, bis es gar ist.

2 Für die Sauce Paprika und Zwiebel mit dem Öl in einem Mixer oder einer Küchenmaschine glatt pürieren. Mit Salz und Pfeffer würzen, in einen kleinen Topf geben und beiseitestellen.

3 Sobald die Kürbisspalten etwas abgekühlt sind, das weiche Fleisch von der Schale kratzen, in eine Schüssel geben und glatt rühren. Ricotta, Ei, den gehackten Salbei und den Parmesan zufügen. Nach und nach das Mehl einarbeiten, bis ein weicher Teig entsteht.

4 Den Teig in 4 Portionen teilen und diese mit bemehlten Händen auf einer bemehlten Arbeitsfläche zu einem langen, 2 cm dicken Strang rollen. Den Teig in 2 cm lange Stücke schneiden und diese mit der Gabel leicht flach drücken. Die so vorbereiteten Gnocchi 1–2 Stunden bei Zimmertemperatur trocknen lassen.

5 Wasser in einem Topf zum Kochen bringen. Die Gnocchi portionsweise (10–12 Stück auf einmal) hineingeben und 2–3 Minuten kochen, bis sie an die Oberfläche steigen. Mit einem Schaumlöffel herausheben und auf Küchenpapier abtrocknen lassen. Dann in eine vorgewärmte Schüssel geben und in einem nicht zu heißen Backofen warm halten, bis alle Gnocchi fertig gegart sind.

6 Unterdessen die Paprikasauce bei geringer Hitze behutsam erwärmen. Die Gnocchi auf Teller verteilen, die Sauce darübergießen, alles mit Salbeiblättern garnieren und servieren.

Nährwerte pro Portion 1867 kJ, 446 kcal, 21 g Eiweiß, 17 g Fett (8 g gesättigte Fettsäuren), 52 g Kohlenhydrate (9 g Zucker), 5 g Ballaststoffe

Pasta primavera

Primavera ist das italienische Wort für Frühling. Entsprechend ist Pasta primavera ein Nudelgericht, in dem viele junge Gemüsesorten verarbeitet werden, die im Frühjahr in Italien gedeihen, darunter Spargel, Zuckerschoten und grüne Bohnen. Wählen Sie einfach Ihre Favoriten aus.

FÜR 2 PERSONEN
Vorbereitung: 10 Minuten
Zubereitung: 15 Minuten

150 g Farfalle oder eine andere
  Nudelsorte
6 Stangen grüner Spargel, in mundgerechte Stücke geschnitten
50 g tiefgekühlte Erbsen, aufgetaut
1 kleine Zucchini, in Scheiben
  geschnitten
8 Zuckerschoten, halbiert
100 ml Sahne
1 Knoblauchzehe, zerdrückt
1 TL fein abgeriebene Schale von
  1 unbehandelten Zitrone
Salz
frisch gemahlener schwarzer Pfeffer

Zum Garnieren
gehobelter Parmesan
frische Minzeblättchen

1 Die Nudeln gemäß Packungsanweisung in kochendem Wasser bissfest garen.

2 Unterdessen Wasser in einem zweiten Topf zum Kochen bringen. Spargel, Erbsen und Zucchini zufügen und 1 Minute blanchieren. Dann die Zuckerschoten zugeben und 1 Minute mitblanchieren. Das Gemüse abgießen, unter fließend kaltem Wasser abschrecken und gut abtropfen lassen.

3 Den Topf wieder auf den Herd stellen. Sahne, Knoblauch und Zitronenschale zufügen und bei mittlerer Hitze zum Kochen bringen. Nun das blanchierte Gemüse zugeben und 2 Minuten in der Sahne köcheln lassen. Dann alles mit Salz und Pfeffer würzen.

4 Die Nudeln abgießen und in den Topf zurückgeben. Die vorbereitete Sauce zugeben und behutsam unterheben. Das fertige Gericht auf zwei Teller verteilen und mit Parmesan und Minzeblättchen garniert servieren.

Nährwerte pro Portion 1666 kJ, 398 kcal, 13 g Eiweiß, 13 g Fett (8 g gesättigte Fettsäuren), 56 g Kohlenhydrate (4 g Zucker), 4 g Ballaststoffe

Insalata caprese

Diese berühmte italienische Salatkreation stammt ursprünglich von der Insel Capri, die ihr auch den Namen verlieh. In seinem Heimatland wird das erfrischende Gericht aus Tomaten, Mozzarella und Basilikum bevorzugt in den Sommermonaten als Vorspeise verzehrt.

FÜR 4 PERSONEN

Zubereitung: 10 Minuten

300 g Mini-Mozzarella-Kugeln, abgetropft und halbiert

500 g Kirschtomaten, halbiert

90 g schwarze Oliven

2 EL frisch gehackte glatte Petersilie

12 frische Basilikumblättchen

2 TL Natives Olivenöl Extra

Salz

frisch gemahlener schwarzer Pfeffer

1   Mozzarella, Tomaten und Oliven in eine flache Servierschale geben und behutsam vermengen.

2   Petersilie und Basilikum zufügen, dann das Olivenöl über die Salatzutaten träufeln. Alles mit Salz und Pfeffer würzen, dann noch einmal vorsichtig mischen und sofort servieren.

Nährwerte pro Portion 650 kJ, 155 kcal, 9 g Eiweiß, 11 g Fett (6 g gesättigte Fettsäuren), 4 g Kohlenhydrate (2 g Zucker), 2 g Ballaststoffe

Panzanella con pollo

Panzanella ist ein typisches Resteessen. Altbackenes Brot wird in dem aus der Toskana stammenden Brotsalat zu einer Köstlichkeit. Für das Originalrezept werden nur Tomaten, Zwiebeln und Kräuter verwendet. Die vorliegende Variante mit Hähnchen ist ein wenig üppiger.

FÜR 2 PERSONEN
Vorbereitung: 10 Minuten
Zubereitung: 15 Minuten

60 ml Natives Olivenöl Extra

2 dicke Scheiben altbackenes Brot (ca. 100 g Gesamtgewicht), z. B. Ciabatta oder Pane, in 2,5 cm große Würfel geschnitten

2 Hähnchenbrustfilets (ca. 300 g Gesamtgewicht), schräg in breite, etwa gleich lange Streifen geschnitten

Salz

frisch gemahlener schwarzer Pfeffer

1½ EL Rotweinessig

½ rote Paprikaschote, geröstet, enthäutet und gehackt

16 Kirschtomaten, halbiert

10 Kalamata-Oliven, entsteint

24 kleine frische Basilikumblättchen

1 In einer kleinen beschichteten Pfanne 3 TL des Öls erhitzen. Die Brotwürfel darin bei mittlerer Hitze 4–5 Minuten unter mehrmaligem Wenden rösten, bis sie rundum goldbraun und knusprig sind. Aus der Pfanne nehmen und beiseitestellen. Die Pfanne mit Küchenpapier auswischen.

2 In derselben Pfanne 1 weiteren Teelöffel Öl erhitzen. Die Hähnchenbruststreifen mit Salz und Pfeffer würzen und bei mittlerer bis starker Hitze 4 Minuten braten, bis sie gar sind; dabei regelmäßig wenden.

3 Das restliche Öl mit dem Essig mischen und mit Salz und Pfeffer würzen.

4 Paprika, Tomaten, Oliven, Basilikum und Brotwürfel in einer Schale mischen. Das Dressing zugießen und gut unterheben. Dann die Hähnchenstreifen zugeben und alles noch einmal behutsam mischen. Den fertigen Salat auf zwei Teller verteilen und sofort servieren.

Nährwerte pro Portion 2127 kJ, 508 kcal, 37 g Eiweiß, 30 g Fett (6 g gesättigte Fettsäuren), 22 g Kohlenhydrate (5 g Zucker), 4 g Ballaststoffe

TIPP

Statt der frischen Paprikaschote, die noch geröstet und enthäutet werden muss, können Sie auch eingelegte Paprika aus dem Glas verwenden.

Griechischer Salat mit Tahini-Dressing

Für diesen mediterranen Sommersalat werden vollreife Tomaten in einer Schüssel mit knackigem Blattsalat, Feta, Oliven und anderen Zutaten gemischt. Tahini, die delikate Sesampaste,
verleiht dem cremigen Dressing ein nussiges Aroma. Servieren Sie dazu knuspriges Brot.

FÜR 4 PERSONEN
Zubereitung: 20 Minuten

200 g Feta

1 kleiner Romanasalat, in mundgerechte
Stücke gezupft

1/2 Salatgurke, längs halbiert und quer
in Scheiben geschnitten

350 g große Eiertomaten oder andere
aromatische reife Tomaten, in Scheiben
geschnitten

1 kleine rote Zwiebel, halbiert und
in dünne Ringe geschnitten

20 entsteinte schwarze Oliven

Für das Dressing

4 EL Natives Olivenöl Extra

1 EL Tahini (Sesampaste)

1 EL Zitronensaft

frisch gemahlener schwarzer Pfeffer

4 große Stängel glatte Petersilie

1 Den Feta abtropfen lassen, trocken tupfen und in eine kleine
Schüssel mit kaltem Wasser legen, um dem Käse seine extreme
Salzigkeit zu nehmen.

2 Den Romanasalat auf 4 Teller verteilen. Gurke, Tomaten und Zwiebel darauf verteilen und die Oliven obenauf setzen.

3 Für das Dressing das Öl in einer Schüssel mit Tahini, Zitronensaft
und etwas Pfeffer verquirlen; oder alles in ein Schraubdeckelglas
füllen, das Glas fest verschließen und kräftig schütteln. Die Petersilie mit einer Küchenschere in das Dressing schneiden und untermischen.

4 Den Feta abtropfen lassen und zerbröckeln. Zwei Drittel davon
auf die Salatportionen verteilen. Die Portionen mit dem Dressing
beträufeln und mit dem restlichen Feta bestreuen. Bei Raumtemperatur servieren.

Nährwerte pro Portion 1636 kJ, 391 kcal, 12 g Eiweiß, 36 g Fett (11 g gesättigte
Fettsäuren), 6 g Kohlenhydrate (3 g Zucker), 3 g Ballaststoffe

Vegetarische Moussaka ✓ Soße vom S. 78

Dieses Rezept bietet eine reizvolle Variante des auf Fleisch basierenden griechischen Auflaufs, der eigentlich recht fetthaltig ist. Das Fleisch wird hier durch verschiedene Gemüsesorten ersetzt, Borlotti-Bohnen sorgen für Proteine. Verfeinert wird mit einer leichten Joghurtsauce.

FÜR 4 PERSONEN
Vorbereitung: 15 Minuten
Zubereitung: 55 Minuten

2 Zucchini, in Scheiben

1 Aubergine, in Scheiben

300 g neue Kartoffeln, abgebürstet und in Scheiben geschnitten

2 rote Paprikaschoten, entkernt und in breite Streifen geschnitten

400 g Borlotti-Bohnen aus der Dose, abgespült und abgetropft

4 aromatische Tomaten, ca. 500 g Gesamtgewicht, gehackt

3 EL frisch gezupftes Basilikum

2 EL Natives Olivenöl Extra

Salz

frisch gemahlener schwarzer Pfeffer

130 g fettarmer Naturjoghurt

1 Ei, leicht verquirlt

4 EL frisch geriebener Parmesan

1 Den Backofen auf 180 °C vorheizen. Salzwasser in einem großen Topf aufkochen. Die Zucchini darin 2 Minuten blanchieren. Mit einem Schaumlöffel aus dem Wasser heben und auf Küchenpapier abtropfen lassen. Dann die Aubergine 2 Minuten im kochenden Wasser blanchieren. Auch diese herausheben und abtropfen lassen. Nun die Kartoffeln in den Topf geben und 8 Minuten kochen, bis sie gerade weich werden. Abgießen und mit dem restlichen Gemüse beiseitestellen.

2 Unterdessen eine Grillpfanne bei starker Hitze auf dem Herd vorheizen. Die Paprikastreifen zufügen und ca. 5 Minuten unter gelegentlichem Wenden garen, bis sie zu bräunen beginnen und gerade weich werden. Aus der Pfanne nehmen und in mundgerechte Stücke schneiden.

3 Das vorbereitete Gemüse zusammen mit Bohnen, Tomaten und Basilikum in eine große Auflaufform geben. Das Olivenöl darüberträufeln, mit Salz und Pfeffer würzen und gründlich mischen.

4 Joghurt, Ei und Parmesan in einer Schüssel verrühren. Die fertige Masse gleichmäßig über das Gemüse verteilen. (Je nach Größe der Auflaufform wird das Gemüse möglicherweise nicht vollständig von der Sauce bedeckt.) Die Moussaka 40 Minuten im Backofen garen, bis das Gemüse zart und von oben leicht gebräunt ist.

Nährwerte pro Portion 1232 kJ, 294 kcal, 15 g Eiweiß, 13 g Fett (3 g gesättigte Fettsäuren), 28 g Kohlenhydrate (10 g Zucker), 8 g Ballaststoffe

- -

TIPP

Sie können das gesamte Gemüse bis zum Ende von Schritt 3 einen Tag im Voraus zubereiten; dann abdecken und im Kühlschrank aufbewahren. Vor der Weiterverarbeitung auf Zimmertemperatur bringen, anschließend wie beschrieben mit Schritt 4 fortfahren.

- -

Reissalat mit Ofengemüse und Feta

Dieser äußerst aromatische Sommersalat passt hervorragend zu Grillfleisch. Der Vollkornreis sorgt nicht nur für einen zarten, nussigen Geschmack des Salats, er enthält auch viele B-Vitamine und viermal so viele Ballaststoffe wie weißer Reis.

FÜR 8 PERSONEN
Vorbereitung: 10 Minuten
Zubereitung: 45 Minuten

600 g orangefleischige Süßkartoffeln, geschält und gewürfelt
2 rote Paprikaschoten, in große flache Stücke geschnitten
1 rote Zwiebel, in 8 Spalten geschnitten
Olivenöl, in einen Ölsprüher gefüllt
400 g Vollkornreis
2 EL Natives Olivenöl Extra
2 EL Balsamico
Salz
frisch gemahlener schwarzer Pfeffer
25 g frisches Basilikum, klein gezupft
150 g Feta, zerbröselt

1   Den Backofen auf 180 °C vorheizen und ein großes Backblech mit Backpapier auslegen.

2   Süßkartoffeln, Paprika und Zwiebel auf dem Backblech verteilen. Das Gemüse mit Olivenöl besprühen und 40–45 Minuten backen, bis es weich geworden ist.

3   Unterdessen den Reis in einem großen Topf mit kochendem Wasser 30–35 Minuten kochen, bis er gar ist. Gut abgießen, dann in eine große Schüssel geben, beiseitestellen und abkühlen lassen.

4   Öl und Essig mischen und über den Reis träufeln, mit Salz und Pfeffer würzen und alles gründlich vermengen.

5   Das Gemüse zum Reis geben und behutsam unterheben. Den so vorbereiteten Salat beiseitestellen und auf Zimmertemperatur abkühlen lassen. Kurz vor dem Servieren Basilikum und Feta unterheben.

Nährwerte pro Portion 1388 kJ, 332 kcal, 11 g Eiweiß, 9 g Fett (3 g gesättigte Fettsäuren), 52 g Kohlenhydrate (7 g Zucker), 4 g Ballaststoffe

Orientalischer Gemüsesalat mit Thunfisch

Ras el-Hanout ist eine nordafrikanische Gewürzmischung, die in der Gewürzabteilung oder im Feinkostregal gut sortierter Lebensmittelgeschäfte zu finden ist. Alternativ können Sie auch eine andere afrikanische oder orientalische Gewürzmischung verwenden, z. B. scharfe Harissa-Paste.

FÜR 4 PERSONEN
Vorbereitung: 15 Minuten
Zubereitung: 10 Minuten

4 Thunfischsteaks à ca. 100 g
1 EL Ras el-Hanout
300 g grüne Bohnen
2 EL Honig
abgeriebene Schale und Saft von
  2 unbehandelten Zitronen
4 Tomaten, halbiert und in Scheiben
  geschnitten
400 g weiße Bohnen aus der Dose,
  abgespült und abgetropft
2 EL Olivenöl
1 kleine Zwiebel, halbiert und in Streifen
  geschnitten
2 große rote Paprikaschoten, in Streifen
  geschnitten
2 große Knoblauchzehen, in dünne
  Scheiben geschnitten

1 Die Thunfischsteaks auf einen Teller legen, von beiden Seiten mit Ras el-Hanout bestreuen und beiseitestellen.

2 Die grünen Bohnen in einen Topf geben und so viel Wasser zufügen, dass sie gerade bedeckt werden. Das Wasser aufkochen und die Bohnen 2 Minuten darin kochen lassen. Abgießen, unter fließend kaltem Wasser abspülen, abtropfen lassen und in eine Schüssel geben. Honig, Zitronenschale und -saft unterrühren. Dann Tomaten und weiße Bohnen zugeben und untermengen.

3 In einer Pfanne 1 EL des Öls erhitzen. Zwiebel, Paprika und Knoblauch darin bei starker Hitze 1 Minute braten, bis sie gerade weich werden. Zu den anderen Zutaten geben und untermischen.

4 Die Pfanne auf den Herd zurückstellen, das restliche Öl zufügen und die Thunfischsteaks hineingeben; eventuell auf dem Teller verbliebene Gewürzreste auf den Steaks verteilen. Den Fisch bei starker Hitze 2 Minuten braten, dann wenden und weitere 2–3 Minuten braten, bis er gerade gar ist; ihn dabei mit dem Pfannenwender leicht gegen den Pfannenboden drücken.

5 Den Bohnensalat auf vier Teller verteilen. Die Thunfischsteaks in Scheiben schneiden und auf dem Salat anrichten. In der Pfanne verbliebene Fett- und Gewürzreste darüberträufeln. Anschließend sofort servieren.

Nährwerte pro Portion 1616 kJ, 386 kcal, 33 g Eiweiß, 16 g Fett (4 g gesättigte Fettsäuren), 27 g Kohlenhydrate (20 g Zucker), 10 g Ballaststoffe

- -

TIPP

Für selbstgemachtes Ras el-Hanout 1 EL gemahlenen Koriander mit 1/2 TL Zimtpulver, 1/4 TL frisch gemahlener Muskatnuss und 1 guten Prise Chilipulver mischen.

- -

Thunfischsalat mit Bohnen

Für die Zubereitung des Thunfischs in diesem Salat ist es entscheidend, dass die Pfanne richtig heiß ist, bevor der Fisch hineingegeben wird, damit er sofort zu bräunen beginnt. Wer keine beschichtete Pfanne zur Hand hat, gibt 1 EL Oliven- oder Rapsöl hinein, bevor der Thunfisch gebraten wird.

FÜR 4 PERSONEN

Vorbereitung: 20 Minuten,
plus 15 Minuten zum Ziehen

Zubereitung: 1 Minute

400 g weiße Bohnen aus der Dose,
abgespült und abgetropft

1 kleine rote Zwiebel, in dünne Streifen
geschnitten

1 kleine Knoblauchzehe, gehackt

abgeriebene Schale von 1 unbehandelten
Zitrone

10 g frisch gehackte Blattpetersilie

8 frische Basilikumblätter, in dünne
Streifen geschnitten, plus 8 zusätzliche
Blättchen zum Garnieren

2 EL Olivenöl

150 g Thunfischsteak

4 Zitronenspalten

1 Bohnen, Zwiebel, Knoblauch, Zitronenschale, Petersilie, Basilikum-streifen und Öl in einer Schüssel mischen. Abdecken und 15 Minuten ziehen lassen.

2 Unterdessen das Thunfischsteak in ca. 5 mm breite Scheiben schneiden. Eine beschichtete Pfanne stark erhitzen und die Thunfischscheiben hineingeben. 30 Sekunden braten, bis sie gebräunt sind, dann wenden und abermals 30 Sekunden braten. Anschließend die Pfanne sofort vom Herd nehmen.

3 Den Bohnensalat auf vier Teller verteilen. Die Thunfischstreifen dazu anrichten und das Gericht mit je 1 Zitronenspalte und 2 Basilikumblättchen garnieren.

Nährwerte pro Portion 856 kJ, 205 kcal, 14 g Eiweiß, 12 g Fett (2 g gesättigte Fettsäuren), 11 g Kohlenhydrate (<1 g Zucker), 5 g Ballaststoffe

---

TIPP

Wer Thunfischsteaks innen roh bevorzugt, brät das Steak zunächst als Ganzes 30–60 Sekunden von jeder Seite, bevor er es in Scheiben schneidet. Diese Zubereitungsart eignet sich allerdings nur für wirklich frischen Fisch.

Aromatischer Salat mit dreierlei Bohnen

Bohnen aus der Dose sind äußerst praktisch, denn mit ihnen lässt sich in wenigen Minuten eine gesunde Mahlzeit zubereiten. Hier werden zweierlei Dosenbohnen, frische grüne Bohnen und Mozzarella mit einem aromatischen Dressing angemacht. Reichen Sie dazu warmes Knoblauchbrot.

FÜR 4 PERSONEN
Vorbereitung: 20 Minuten
Zubereitung: 5 Minuten

125 g grüne Bohnen

400 g weiße Bohnen oder rote Kidneybohnen aus der Dose

400 g Perl- oder Augenbohnen aus der Dose

6 Frühlingszwiebeln, in dünne Ringe geschnitten

150 g Mozzarella, gewürfelt

2 große oder 4 mittelgroße Strauchtomaten, in dünne Scheiben geschnitten

4 EL grob gehackte Petersilie oder Koriander

Für das Dressing
2 EL Natives Olivenöl Extra

2 EL Weißweinessig

1 TL mildes Currypulver

1 Knoblauchzehe, zerdrückt

1/2 TL Meersalz

frisch gemahlener schwarzer Pfeffer

1 Die grünen Bohnen 3–5 Minuten in kochendem Salzwasser garen. In ein Sieb schütten und kalt abspülen, dann abtropfen lassen und in eine große Schüssel füllen.

2 Für das Dressing das Öl mit Essig, Currypulver, Knoblauch, Meersalz und etwas schwarzem Pfeffer in ein Schraubdeckelglas geben. Das Glas verschließen und gut schütteln.

3 Die abgespülten und abgetropften Dosenbohnen, die Frühlingszwiebeln und den Mozzarella zu den grünen Bohnen geben. Alles mit dem Dressing vermengen.

4 Eine Servierplatte mit den Tomatenscheiben auslegen. Den Salat darauf anrichten und mit Petersilie oder Koriander bestreuen.

Nährwerte pro Portion 1346 kJ, 321 kcal, 19 g Eiweiß, 18 g Fett (7 g gesättigte Fettsäuren), 19 g Kohlenhydrate (6 g Zucker), 11 g Ballaststoffe

Ratatouille

In der Ratatouille, dem bekannten Gericht aus der Provençe, lassen sich Gemüse aller Art verarbeiten, ganz nach dem Gusto von Koch oder Köchin. Die verschiedenen Zutaten kann man einzeln nacheinander garen oder auch gleich zusammen, wie in unserer Variante.

FÜR 4 PERSONEN
Zubereitung: 35 Minuten

2 EL Natives Olivenöl Extra

1 Zwiebel, gehackt

2 Knoblauchzehen, zerdrückt

1 rote Paprikaschote, entkernt und in 2 cm große Stücke geschnitten

1 Aubergine, in 2 cm große Würfel geschnitten

2 Zucchini, längs halbiert und in 2 cm dicke Scheiben geschnitten

5 reife Tomaten, gehackt

2 EL klein gezupftes frisches Basilikum, plus einige Blätter zum Servieren

Salz

frisch gemahlener schwarzer Pfeffer

1 Das Öl in einem großen Bräter auf mittlere Temperatur erhitzen. Die Zwiebel darin 7 Minuten dünsten. Den Knoblauch zufügen und 1 Minute mitdünsten.

2 Die Paprika zugeben und unter gelegentlichem Rühren 2 Minuten mitgaren. Aubergine und Zucchinis ebenfalls gründlich unterrühren.

3 Die Tomaten untermengen und alles zum Kochen bringen. Dann bei geringer Hitze unter gelegentlichem Rühren 20 Minuten (oder bis das Gemüse weich ist) köcheln lassen.

4 Das Basilikum unterrühren, die Ratatouille mit Salz und Pfeffer abschmecken und mit Basilikumblättern garniert servieren.

Nährwerte pro Portion 392 kJ, 94 kcal, 3 g Eiweiß, 6 g Fett (<1 g gesättigte Fettsäuren), 6 g Kohlenhydrate (5 g Zucker), 4 g Ballaststoffe

TIPPS

■ Falls Ihre Tomaten nicht aromatisch genug schmecken, können Sie dem Gericht mit 1 EL Tomatenmark etwas mehr Würze verleihen. Alternativ lassen sich die frischen durch 800 g gehackte Tomaten aus der Dose ersetzen. Außerdem kann 1 Prise Zucker den Geschmack von Gerichten auf Tomatenbasis abrunden.

■ Fügen Sie dem Gericht für eine vegetarische Hauptspeise gegen Ende der Kochzeit 400 g Kichererbsen aus der Dose hinzu. Diese müssen nur kurz durcherhitzt werden. Ein paar Scheiben Stangenbrot runden die Mahlzeit ab.

Warmer Gemüsesalat

Dieser warme Salat ergibt eine ungewöhnliche Beilage oder, mit etwas Brot dazu, eine leichte Mahlzeit. Wer mag, bereitet eine Extraportion Gemüse für die Verwendung als Antipasti zu. Dafür das Gemüse abkühlen lassen und mit Olivenöl bedeckt in einem Schraubglas im Kühlschrank lagern.

FÜR 4 PERSONEN
Vorbereitung: 20 Minuten
Zubereitung: 15 Minuten

je 500 g grüne und rote Paprikaschoten, entkernt und in breite Streifen geschnitten

500 g Zucchini, längs in dünne Scheiben geschnitten

1 große rote Zwiebel, in Spalten geschnitten

6 Mini-Auberginen, längs in dünne Scheiben geschnitten

150 g große braune Champignons, in Scheiben geschnitten

3 EL Natives Olivenöl Extra

1 Kopf Treviso oder Radicchio, gewaschen, verlesen und klein gezupft

120 g entsteinte schwarze Oliven

2 EL Balsamico

1 EL frisch gehackter Oregano

1 Einen Grill oder Backofengrill auf mittlerer Stufe vorheizen. Paprika, Zucchini, Zwiebel, Auberginen und Champignons mit 1 EL des Öls in einer Schüssel mischen, dann auf den Grillrost legen und unter gelegentlichem Wenden garen, bis sie gebräunt und weich geworden sind.

2 Das noch warme Gemüse in eine Salatschüssel geben. Treviso oder Radiccio, Oliven, Balsamico, Oregano und das restliche Olivenöl zufügen und alles gründlich vermengen.

Nährwerte pro Portion 1104 kJ, 264 kcal, 7 g Eiweiß, 19 g Fett (2 g gesättigte Fettsäuren), 16 g Kohlenhydrate (10 g Zucker), 7 g Ballaststoffe

Caponata

Caponata ist ein traditionelles Gericht der sizilianischen Küche. Es kann kalt als Antipasto oder warm als Pastasauce oder Beilage zu Fleischgerichten gereicht werden. Bei der klassischen Variante wird statt Weißwein gezuckerter Essig verwendet. Unser Rezept ist etwas milder im Geschmack.

FÜR 4 PERSONEN
Vorbereitung: 15 Minuten
Zubereitung: 45 Minuten

100 ml Natives Olivenöl Extra

2 Zwiebeln, fein gehackt

500 g Zucchini, in dünne Scheiben geschnitten

1 grüne Paprikaschote, gewürfelt

1 Aubergine, in dünne Scheiben geschnitten

6 große Tomaten, enthäutet und grob gehackt

160 ml trockener Weißwein

Zucker

Salz

frisch gemahlener schwarzer Pfeffer

Stangenbrot und Oliven, als Beilage

1 In einem Topf 1 EL des Öls erhitzen. Die Zwiebeln darin bei mittlerer Hitze 3–5 Minuten braten, bis sie weich und goldbraun geworden sind. Zucchini, Paprika und Aubergine zufügen und unter Rühren etwa 3 Minuten mitbraten, bis das Gemüse gerade weich wird. Dann Tomaten, das restliche Olivenöl und die Hälfte des Weins zugeben.

2 Das Gemüse bei geringer Hitze 30 Minuten köcheln lassen, bis es weich geworden ist. Dabei regelmäßig umrühren und nach und nach den Rest des Weins zugießen, damit nichts anbrennt.

3 Das fertige Gericht nach Geschmack mit Zucker, Salz und Pfeffer würzen. Heiß oder kalt mit Stangenbrot und Oliven servieren.

Nährwerte pro Portion 1292 kJ, 309 kcal, 6 g Eiweiß, 24 g Fett (3 g gesättigte Fettsäuren), 12 g Kohlenhydrate (11 g Zucker), 8 g Ballaststoffe

Blattsalat mit frischen Feigen

Feigen liefern erstaunlich viel Eisen, Kalium und Ballaststoffe. Nehmen Sie für diesen Salat weiche, aber unversehrte Früchte ohne Druckstellen. Reife Feigen kann man ungeschält essen, zudem werden sie immer aromatischer, je länger sie reifen.

FÜR 4 PERSONEN
Zubereitung: 25 Minuten

50 g zarte Spinatblätter, geputzt
100 g Feldsalat, geputzt
100 g Friséesalat, geputzt
4 große frische, makellose Feigen
4 EL grob gehackte Walnusskerne

Für das Dressing
50 g Gorgonzola oder Dolcelatte
2 EL Schmand
1 EL Walnussöl
1½ EL Weißweinessig
2 EL Apfelsaft
1 Prise Zucker
Salz
frisch gemahlener schwarzer Pfeffer

1 Verteilen Sie Spinat, Feldsalat und Friséesalat auf 4 Portionsteller.

2 Die Stielenden der Feigen entfernen und die Feigen in 8 Stücke teilen. Dann auf den Salatbetten verteilen.

3 Für das Dressing mit einer Gabel den Käse und den Schmand gut vermengen. Nach und nach das Walnussöl, den Essig und den Apfelsaft unterrühren und alles mit dem Zucker zu einer glatten Creme verrühren. Mit Salz und Pfeffer abschmecken.

4 Das Dressing auf dem Salat verteilen und diesen mit den gehackten Walnusskernen bestreuen und servieren.

Nährwerte pro Portion 816 kJ, 195 kcal, 6 g Eiweiß, 16 g total Fett, (4 g gesättigte Fettsäuren), 7 g Kohlenhydrate (7 g Zucker), 3 g Ballaststoffe

- -

TIPP

Für ein alternatives Dressing mischen Sie 120 g Weichkäse mit 3 EL Joghurt, 1 EL Olivenöl und 1 EL Zitronensaft. Mit Salz und Pfeffer abschmecken.

- -

Feigensalat mit Schinken

Dieser köstliche Salat ergibt eine hervorragende Vorspeise. Wenn Sie die Zutatenmengen erhöhen und etwas Brot dazu reichen, können Sie ihn auch als leichtes Mittagessen servieren. Crema di Balsamico ist eine sehr süße Balsamico-Reduktion, die in gut sortierten Supermärkten zu finden ist.

FÜR 4 PERSONEN
Zubereitung: 10 Minuten

6 Feigen
8 Scheiben roher Schinken
    (z. B. Parma- oder Serrano-Schinken)
60 g junger Rucola
60 g Blauschimmelkäse
Natives Olivenöl Extra
Crema di Balsamico
frisch gemahlener schwarzer Pfeffer

1   Zunächst die Feigen vierteln und die Schinkenscheiben in je 4–6 Stücke reißen.

2   Rucola, Feigen und Schinken auf Serviertellern anrichten.

3   Den Blauschimmelkäse zerbröseln und über den Salat streuen, dann alles mit etwas Olivenöl und Crema di Balsamico beträufeln und mit frisch gemahlenem Pfeffer würzen.

Nährwerte pro Portion 637 kJ, 152 kcal, 11 g Eiweiß, 9 g Fett (5 g gesättigte Fettsäuren), 6 g Kohlenhydrate (6 g Zucker), 2 g Ballaststoffe

Bulgur-Salat mit Lammfleisch und Kräutern

Bulgur besteht aus vorgekochtem geschroteten Weizen, der viele Nährstoffe enthält, darunter verschiedene B-Vitamine, Vitamin E, Kalzium und Magnesium. Er gilt als eines der Hauptnahrungsmittel im Nahen Osten. Da er bereits vorgegart ist, lässt er sich sehr rasch zubereiten.

FÜR 4 PERSONEN

Vorbereitung: 30 Minuten,
   plus 1 Stunde Marinierzeit und
   20 Minuten Einweichzeit
Zubereitung: 10 Minuten

400 g magerer Lammnacken ohne
   Knochen, sichtbares Fett entfernt
1 EL Natives Olivenöl Extra
Saft von 1/2 unbehandelten Zitrone
1 Knoblauchzehe, zerdrückt
kleine Minzeblätter, zum Servieren

Für das Dressing

2 EL Natives Olivenöl Extra
Saft von 1/2 unbehandelten Zitrone
1 große Knoblauchzehe, zerdrückt
1 TL Honig
Salz
frisch gemahlener schwarzer Pfeffer

Für den Bulgur-Salat

270 g Bulgur
500 ml kochendes Wasser
12 Kirschtomaten, halbiert
1 gelbe oder orange Paprikaschote,
   gewürfelt
1/2 Salatgurke, gewürfelt
4 Frühlingszwiebeln, in dünne Ringe
   geschnitten
10 g frische Minze, grob gehackt
10 g frische glatte Petersilie, grob
   gehackt
Pitabrot, in Spalten geschnitten,
   zum Servieren

1 Das Lammfleisch mit einem scharfen Messer längs tief ein-, aber nicht durchschneiden. Das Fleisch aufklappen und so flach wie möglich in eine flache Schale legen. Öl, Zitronensaft und Knoblauch mischen und zum Fleisch gießen, dieses gründlich in der Marinade wenden, dann die Schale mit Frischhaltefolie abdecken und das Fleisch mindestens 1 Stunde, besser aber über Nacht, im Kühlschrank marinieren.

2 Für den Salat den Bulgur in eine hitzebeständige Schüssel geben, mit dem kochenden Wasser übergießen und ca. 20 Minuten einweichen lassen, bis er das gesamte Wasser aufgenommen hat.

3 Für das Dressing Öl, Zitronensaft, Knoblauch und Honig mischen und mit Salz und Pfeffer würzen. Das Dressing zusammen mit Tomaten, Paprika, Gurke, Frühlingszwiebeln und Kräutern zum eingeweichten Bulgur geben und unterheben.

4 Den Backofengrill auf höchste Stufe vorheizen. Das Fleisch auf den Grillblecheinsatz eines Backblechs legen und von jeder Seite 3–4 Minuten grillen, bis es rundum gleichmäßig gebräunt ist. Innen sollte es noch leicht blutig sein. Wer einen anderen Gargrad bevorzugt, passt die Grillzeit entsprechend an.

5 Den Bulgur-Salat abschmecken und mit einer Gabel auflockern. Das Fleisch schräg in Scheiben schneiden und auf dem Salat anrichten. Alles mit ein paar Minzeblättern garnieren und so rasch wie möglich mit dem Pitabrot servieren.

Nährwerte pro Portion 1959 kJ, 468 kcal, 29 g Eiweiß, 19 g Fett (4 g gesättigte Fettsäuren), 45 g Kohlenhydrate (6 g Zucker), 13 g Ballaststoffe

Caesar-Salat

Dieser weltberühmte Salat hat nichts mit Gaius Iulius Caesar zu tun, sondern mit Cesare Cardini, einem Italo-Amerikaner, der ihn der Legende nach 1924 im mexikanischen Tijuana kreierte. Anders als sein Schöpfer fand der Salat gleichsam zurück ans Mittelmeer.

FÜR 4 PORTIONEN

Vorbereitung: 15 Minuten
Zubereitung: 15 Minuten

Für die Croûtons
1 Knoblauchzehe
1½ EL Olivenöl
3 dicke Scheiben knuspriges Weißbrot

4 Eier
4 Scheiben Bacon oder Frühstücksspeck
2 Romana-Salat-Herzen
125 g Parmesan
3 Sardellenfilets

Für das Dressing
1 sehr kleine Knoblauchzehe
1–2 EL Salatmayonnaise
2 TL Zitronensaft
1 TL Worcestersauce
75 ml Natives Olivenöl Extra

1 Für die Croûtons den Backofen auf 180 °C vorheizen. Den Knoblauch schälen, zerdrücken und in das Öl geben. Das Brot in 1 cm große Stücke schneiden. Diese auf einem Backblech verteilen. Das Knoblauchöl darüber träufeln, die Brotstücke darin wälzen und 10 Minuten im Ofen knusprig rösten.

2 Inzwischen die Eier in 10 Minuten hart kochen. Kalt abschrecken, pellen und vierteln. Den Speck von der Schwarte befreien, in dünne Streifen schneiden und diese in einer kleinen Pfanne bei mittlerer Hitze knusprig braten. Anschließend auf Küchenpapier abtropfen lassen.

3 Die Salatblätter aus den Herzen lösen, waschen, trocken schleudern und in mundgerechte Stücke zupfen. Den Parmesan in dünne Späne hobeln. Die Sardellenfilets abtropfen lassen und in dünne Streifen schneiden.

4 Für das Dressing den Knoblauch schälen und zerdrücken, dann gründlich mit Mayonnaise, Zitronensaft und Worcestersauce vermengen, zuletzt das Öl in dünnem Strahl unterrühren.

5 Die Salatblätter in eine Schüssel geben und Croûtons, Speck, Parmesan und Sardellen zufügen. Alles gut mischen und auf 4 Teller verteilen. Jede Portion mit den Eivierteln garnieren und mit dem Dressing beträufeln.

Nährwerte pro Portion 2161 kJ, 516 kcal, 24 g Eiweiß, 43 g Fett (13 g gesättigte Fettsäuren), 8 g Kohlenhydrate (2 g Zucker), 1 g Ballaststoffe

Desserts und Backwaren

Auch wenn es um Nachspeisen, Kuchen oder anderes Naschwerk geht, liefern die Regionen rund um das Mittelmeer den Menschen, die dort leben, die besten Zutaten. Vor allem auf Nüsse, Honig, Joghurt, frisches Obst und Trockenfrüchte greifen sie bei der Zubereitung süßer Köstlichkeiten besonders gern zurück.

Kirsch-Clafoutis

Ursprünglich stammt dieser leichte, lockere kuchenähnliche Auflauf aus dem französischen Limousin. Mittlerweile hat er sich aber seinen Platz in der Mittelmeerküche erobert, da der Teig sich mit Früchten aller Art unkompliziert in eine köstliche Süßspeise verwandeln lässt.

FÜR 4 PERSONEN

Vorbereitung: 15 Minuten,
plus 5 Minuten Ruhezeit
Zubereitung: 25 Minuten

2 Eier
50 g Mehl
½ TL Zimtpulver
180 ml teilentrahmte Kondensmilch
2 EL Honig oder Agavendicksaft
5 Tropfen Vanillearoma
fettarme Margarine, zum Einfetten
200 g entsteinte Kirschen, frisch, aus
dem Glas oder tiefgekühlt (aufgetaut)
2 TL feinster Zucker

1 Den Backofen auf 200 °C vorheizen. Die Eier in einer großen Schüssel verquirlen. Nach und nach das Mehl und den Zimt unterrühren. Dann Kondensmilch, Honig oder Agavendicksaft und Vanillearoma einrühren. So lange weiterrühren, bis ein glatter Teig entsteht.

2 Eine flache Auflaufform (ca. 750 ml Volumen) leicht mit Margarine einfetten und auf ein Backblech stellen. Die Kirschen in einer Lage auf dem Boden der Form verteilen und mit dem Teig übergießen.

3 Das Clafoutis 20–30 Minuten backen, bis der Teig gut aufgegangen ist und ein in die Mitte gestochenes Holzstäbchen beim Herausziehen teigfrei bleibt. Das fertige Clafoutis mit Zucker bestreuen, 5 Minuten ruhen lassen und noch warm servieren.

Nährwerte pro Portion 755 kJ, 180 kcal, 8 g Eiweiß, 5 g Fett (1 g gesättigte Fettsäuren), 27 g Kohlenhydrate (21 g Zucker), 1 g Ballaststoffe

- -

TIPPS

■ Für dieses Rezept benötigen Sie etwa 280 g frische Kirschen mit Stein. Die entsteinten Kirschen können Sie nach Belieben durch entsteinte Pflaumen, Pfirsiche oder Aprikosen ersetzen.
■ Falls Sie nur eine tiefe Auflaufform besitzen, stellen Sie diese in einen tiefen Bräter, in den Sie so viel kochendes Wasser gießen, dass die Auflaufform zu etwa einem Drittel darin steht. Anschließend wie beschrieben backen.
■ Das fertig gebackene Clafoutis sofort aus dem Ofen nehmen. Backt es zu lange, bekommt der Teig eine gummiartige Konsistenz.

- -

Panna cotta mit Lorbeerduft

Die Panna cotta, der berühmte italienische „Wackelpudding" aus gekochter Sahne, stammt ursprünglich wohl aus dem Piemont. In unserem Rezept wird anstelle der Sahne Crème fraîche und Milch verwendet. Statt Vanille kann man auch gemahlenen Zimt oder Kardamom nehmen.

FÜR 8 PORTIONEN

Zubereitung: 20 Minuten,
plus 4 Stunden Kühlzeit

10 Blatt Gelatine
2 Lorbeerblätter
500 ml Milch
1 Vanilleschote, längs aufgeschlitzt,
das Mark herausgeschabt
70 g Zucker
350 g Crème fraîche
150 g gemischte Beeren
1 TL Zucker
2 TL gehackte Minze
Saft von 1/2 Limette

1 Die Gelatine etwa 5 Minuten in kaltem Wasser einweichen.

2 Die Lorbeerblätter etwas andrücken. Die Milch mit Vanilleschote und -mark, Zucker und Lorbeerblättern in einem Topf unter Rühren erhitzen, bis sich der Zucker aufgelöst hat. Die Gelatine ausdrücken und in der heißen Gewürzmilch unter Rühren auflösen. Dann vom Herd nehmen und leicht abkühlen lassen. Die Crème fraîche sorgfältig unterrühren.

3 Lorbeerblätter und Vanilleschote aus der Milchmischung nehmen. 8 Förmchen (à 150 ml) leicht einfetten. Die Panna-cotta-Masse darauf verteilen und mindestens 4 Stunden kalt stellen.

4 Die Beeren in einer Schüssel mit Zucker, Minze und Limettensaft vermengen; 5 Minuten ziehen lassen.

5 Die Panna cotta auf Teller stürzen (dazu mit einem Messer innen am Rand der Förmchen entlangfahren) und mit den Beeren servieren.

Nährwerte pro Portion 1023 kJ, 244 kcal, 13 g Eiweiß, 4 g Fett (3 g gesättigte Fettsäuren), 39 g Kohlenhydrate (31 g Zucker), 3 g Ballaststoffe

TIPP

Gelee oder Pudding aus Förmchen zu stürzen, gelingt am besten, wenn Sie die Förmchen vor dem Füllen einfetten und vor dem Stürzen kurz in kaltes Wasser tauchen.

Tiramisu light

Die Original-Tiramisu wird mit Likör oder Weinbrand aromatisiert und mit Eigelb und Eischnee zubereitet. Dies ist eine leichtere Variante, die aber ebenso köstlich schmeckt. Verwenden Sie für ein intensives Aroma unbedingt echtes Kakaopulver, kein gesüßtes Trinkschokoladenpulver.

FÜR 4 PERSONEN
Vorbereitung: 15 Minuten

250 ml starker schwarzer Kaffee
250 g Mascarpone
2 EL Puderzucker
8 Löffelbiskuits
1½ TL Kakaopulver

1   Den Kaffee in eine Schale gießen. Den Mascarpone in eine Schüssel geben, den Puderzucker daraufsieben und beides gründlich mischen.

2   Einen Löffelbiskuit in den Kaffee tauchen und über der Schüssel abtropfen lassen. Dann erneut eintauchen, um sicherzustellen, dass der Kaffee den ganzen Biskuit durchzieht. Nun den Biskuit halbieren und den Boden eines Dessertglases (180 ml) mit den beiden Hälften auslegen. Diesen Vorgang mit 3 weiteren Löffelbiskuits und Dessertgläsern wiederholen.

3   Die Hälfte der Mascarponecreme auf den Biskuits verteilen. Die restlichen Biskuits wie oben beschrieben in den Kaffee tauchen, halbieren und über die Mascarponecreme schichten. Zum Schluss eine letzte Schicht Mascarponecreme obenauf setzen.

4   Die fertige Tiramisu mit dem Kakaopulver bestäuben und sofort servieren. Oder mit Frischhaltefolie abdecken und bis zu 4 Stunden kalt stellen. In diesem Fall das Dessert erst kurz vor dem Servieren mit Kakaopulver bestäuben

Nährwerte pro Portion 1457 kJ, 348 kcal, 5 g Eiweiß, 27 g Fett (19 g gesättigte Fettsäuren), 22 g Kohlenhydrate (17 g Zucker), <1 g Ballaststoffe

TIPPS

■ Setzen Sie zur Abwechslung einmal ein paar Himbeeren auf die erste Schicht Mascarponecreme.
■ Verwenden Sie den Kaffee erst, wenn er auf Zimmertemperatur abgekühlt ist. Wenn es einmal schnell gehen soll, bereiten Sie ihn nur zur Hälfte mit kochendem Wasser zu und füllen Sie die andere Hälfte mit kaltem Wasser auf.

Baklava mit Früchten

Man könnte diese Variante des berühmten orientalischen Gebäcks „Baklava light" nennen, denn sie wird mit reichlich Trockenfrüchten, wenig Fett und nur etwas Honigsirup zubereitet. Dazu passen, wie im Orient üblich, ein Tässchen Mokka und ein Glas Wasser.

FÜR 1 BACKFORM (18 x 28 CM)
Vorbereitung: 40 Minuten
Zubereitung: 25 Minuten

60 g Butter
2 EL Sonnenblumenöl
100 g getrocknete Mango
100 g getrocknete entsteinte Datteln
120 g ungesalzene Pistazien
½ TL Zimtpulver
8 EL Honig
20 Lagen Filoteig 18 x 30 cm
　(1½ Packungen)
4 EL Orangensaft

1　Butter und Öl in einer kleinen Pfanne erhitzen, bis die Butter geschmolzen ist. Vom Herd nehmen. Mango, Datteln und Pistazien hacken, dann mit Zimt und 4 EL Honig mischen und beiseitestellen. Den Backofen auf 220 °C vorheizen.

2　Die Backform leicht einfetten. Den Boden mit einer Lage Filoteig belegen, die Ränder überlappen lassen. Den Teig dünn mit der Butter-Öl-Mischung bestreichen. 4 weitere Lagen Teig drauflegen, jede mit der Butter-Öl-Mischung bestreichen. Auf der 5. Lage ein Drittel der Frucht-Pistazien-Mischung verteilen. Ebenso mit 10 weiteren Lagen Teig verfahren, dabei jede Lage einfetten und nach 5 Lagen jeweils ein Drittel der Frucht-Pistazien-Mischung in die Form schichten. Mit den verbliebenen 5 Teiglagen abschließen, auch diese einfetten, dann die überlappenden Teigränder abschneiden oder zur Mitte hin einschlagen.

3　Auf der obersten Teigschicht mit einem scharfen Messer 20 Stücke markieren. Die Baklava 15 Minuten backen, dann die Temperatur auf 180 °C reduzieren und weitere 10 – 15 Minuten backen, bis der Teig knusprig und goldbraun ist.

4　In der Zwischenzeit den restlichen Honig mit dem Orangensaft unter Rühren erhitzen. Die fertige Baklava aus dem Ofen nehmen und mit der Honigmischung beträufeln. In der Form abkühlen lassen. Vor dem Servieren mit einem scharfen Messer in die markierten Stücke aufteilen.

Nährwerte pro Portion 682 kJ, 163 kcal, 3 g Eiweiß, 7 g Fett (2 g gesättigte Fettsäuren), 22 g Kohlenhydrate (14 g Zucker), 2 g Ballaststoffe

Crème caramel

Die von goldbrauner Karamellsauce umhüllte gebackene Eiercreme ist ein Dessertklassiker. Diese fettarme Variante können Sie ohne Reue genießen. Statt Sahne wird fettarme Kondensmilch verwendet, und durch zwei zusätzliche Portionen Eiweiß entsteht eine luftig-leichte Konsistenz.

FÜR 8 PERSONEN
Vorbereitung: 15 Minuten
Zubereitung: 50 Minuten

300 g Zucker
500 ml fettarme Milch
250 ml teilentrahmte Kondensmilch
6 breite Streifen Schale von
   1 unbehandelten Orange
4 Eier
2 Eiweiß
1/2 TL Vanilleextrakt, ersatzweise
   3 Tropfen Vanillearoma

1   In einem kleinen Topf 160 g Zucker mit 125 ml Wasser bei mittlerer Hitze aufkochen. Die Masse ca. 5 Minuten kochen lassen, bis der Zucker goldbraun karamellisiert. Den flüssigen Karamell in 8 kleine Ramequin-Förmchen (à 180 ml) füllen; dabei die Förmchen leicht drehen, damit der Karamell auch deren Wände überzieht. Dann beiseitestellen.

2   Milch, Kondensmilch, 70 g Zucker und die Orangenschale in einen mittelgroßen Topf geben und bei mittlerer Hitze leicht aufwallen lassen. Dann vom Herd nehmen, abdecken und 30 Minuten ziehen lassen. Anschließend die Orangenschale entfernen.

3   Den Backofen auf 160 °C vorheizen. Eier, Eiweiß, Vanilleextrakt oder -aroma sowie den restlichen Zucker in einer Schüssel verrühren. Die vorbereitete Orangenmilch durch ein Sieb seihen, zur Eimasse gießen und gut unterrühren.

4   Die fertige Eiercreme auf die vorbereiteten Ramequin-Förmchen verteilen. Die Förmchen in eine Auflaufform stellen und in diese so viel kochendes Wasser gießen, dass die Förmchen zur Hälfte im Wasser stehen. Die Crème ca. 45 Minuten im Backofen backen, bis sie vollständig gestockt ist.

5   Die Förmchen aus dem Wasserbad nehmen und auf einem Kuchengitter abkühlen lassen. Anschließend bis zum Verzehr kalt stellen. Kurz vor dem Servieren mit einem Messer am Innenrand der Ramequin-Förmchen entlangfahren und die fertigen Crème-caramel-Portionen auf Dessertteller stürzen.

Nährwerte pro Portion 890 kJ, 213 kcal, 7 g Eiweiß, 3 g Fett (1 g gesättigte Fettsäuren), 41 g Kohlenhydrate (41 g Zucker), 0 g Ballaststoffe

Frisches Beerenobst mit Sabayon

Die Sabayon ist eine Abwandlung der klassischen italienschen Zabaglione, einer Weinschaum-creme auf Basis von Eigelb und Zucker. Während die Zabaglione eine eigenständige Nachspeise ist, handelt es sich bei der Sabayon um eine Sauce, die mit anderen Desserts serviert wird.

FÜR 4 PERSONEN

Vorbereitung: 5 Minuten
Zubereitung: 15 Minuten

250 g Erdbeeren oder Heidelbeeren
150 g Himbeeren
3 Eigelb
80 g feinster Zucker
125 ml Weinbrand, Rum oder
   Orangenlikör

1 Die Beeren putzen und auf vier Dessertschalen verteilen.

2 Eigelb und Zucker über einem heißen Wasserbad 2–3 Minuten cremig schlagen.

3 Den Alkohol unter ständigem Rühren in einem dünnen Strahl zugießen und alles 10–12 Minuten rühren, bis eine cremige Sauce entstanden ist. Dann vom Herd nehmen.

4 Die fertige Sabayon über die Beeren löffeln und das Dessert sofort servieren.

Nährwerte pro Portion 891 kJ, 213 kcal, 4 g Eiweiß, 4 g Fett (1 g gesättigte Fettsäuren), 24 g Kohlenhydrate (24 g Zucker), 3 g Ballaststoffe

TIPP

Es gibt spezielle Wasserbadtöpfe, die die Zubereitung von Speisen über einem heißen Wasserbad erleichtern. Natürlich können Sie auch eine klassi-sche Wasserbadschüssel verwenden, die Sie in einen Topf über kochendes Wasser hängen. Achten Sie in dem Fall aber darauf, dass kein Wasser in die Schüssel spritzt, während Sie die Creme oder Sauce zubereiten.

Passionsfrucht-Honig-Zabaglione

Eigentlich ist die Zabaglione eine Weinschaumcreme. In unserer alkoholfreien Abwandlung verleihen aromatische Passionsfrüchte und süßer Honig dieser Variante des italienischen Dessertklassikers eine besonders fruchtige Note.

FÜR 4 PERSONEN
Vorbereitung: 5 Minuten
Zubereitung: 10 Minuten

4 vollreife Passionsfrüchte
3 EL flüssiger Honig
4 große Eigelb
2 TL Zitronensaft

1 Setzen Sie ein Sieb auf eine große hitzebeständige Schüssel. Die Früchte halbieren, Fruchtfleisch und Kerne aus den Schalen in das Sieb löffeln. Das Fruchtfleisch durch das Sieb streichen, anschließend 1 EL kochend heißes Wasser auf die Reste im Sieb träufeln und von diesen so viel wie möglich durchpassieren. Auch Fruchtfleisch, das außen am Sieb haftet, in die Schüssel streichen. Die Kerne wegwerfen.

2 Einen Topf halb mit kochend heißem Wasser füllen und dieses zum Sieden bringen. Honig, Eigelb und Zitronensaft zum Passionsfruchtmus in die Schüssel geben, alles mit dem Mixer oder dem Handrührgerät gut verrühren. Die Schüssel auf den Topf mit dem siedenden Wasser setzen und weiterrühren, bis eine helle cremig-feste Masse entstanden ist und nach dem Herausziehen der Mixer-Besen eine sichtbare Spur bleibt. Das Wasser darf nicht zu stark köcheln, sonst gerinnt die Masse.

3 Die Schüssel vom Topf nehmen und die Zabaglione 1 Minute weiterschlagen. Dann auf 4 Gläser verteilen und sofort servieren.

Nährwerte pro Portion 558 kJ, 133 kcal, 3 g Eiweiß, 5 g Fett (1 g gesättigte Fettsäuren), 20 g Kohlenhydrate (20 g Zucker), 3 g Ballaststoffe

- -

TIPP

Reichen Sie zu diesem unwiderstehlichen Dessert Löffelbiskuits und/oder frische Erdbeeren. Falls Sie es doch ein wenig alkoholisch mögen, einfach in Schritt 2 zum Fruchtmus 1 Schuss Marsala zugeben.

- -

Pfannkuchen mit Birnen und Feigen

Diese süßen Pfannkuchen werden mit einer köstlichen Mischung aus frischen und trockenen Früchten gefüllt und mit Sahnejoghurt und – wenn man mag – Ahornsirup serviert. Man kann den Pfannkuchenteig mit der Mehlsorte zubereiten, die man bevorzugt.

FÜR CA. 8 PFANNKUCHEN

Zubereitung: 40 Minuten,
  plus 30 Minuten Ruhezeit

300 ml entrahmte Milch
1 Ei
100 g Weiß- oder Vollkornmehl oder
  eine Mischung von beiden
1 EL Zucker
Salz
2 TL Sonnenblumenöl

Für die Füllung

20 g Butter
700 g Birnen, geschält, entkernt und
  in kleine Stücke geschnitten
100 g getrocknete Feigen, gehackt
1/2 TL Zimtpulver
1 Prise Nelkenpulver
geriebene Schale von 1/2 unbehandelten
  Orange
90 g weicher brauner Zucker

Zum Servieren

4 EL Sahnejoghurt und, nach Belieben,
  4 EL Ahornsirup

1 Für den Pfannkuchenteig Milch, Ei, Mehl, Zucker und 1 Prise Salz in der Küchenmaschine 1 Minute zu einem geschmeidigen Teig verarbeiten. Oder Mehl, Zucker und 1 Prise Salz in eine Rührschüssel geben, in die Mitte eine Vertiefung drücken, das Ei und die Milch hineingeben und mit einem Holzlöffel langsam verrühren. Den Teig zum Ruhen 30 Minuten beiseitestellen.

2 Den Backofen auf niedrige Stufe vorwärmen. Eine beschichtete Bratpfanne von 18 cm Ø mit etwas Öl einfetten und stark erhitzen. 1–2 Schöpflöffel Teig hineingeben und die Pfanne schwenken, bis der ganze Boden damit bedeckt ist. 30–45 Sekunden backen, bis die Unterseite des Pfannkuchens goldbraun geworden ist. Wenden und die andere Seite etwa 1 Minute backen, bis sie ebenfalls goldbraun ist.

3 Den fertigen Pfannkuchen auf Küchenpapier legen. Auf dieselbe Weise weitere sieben Pfannkuchen backen und, durch Küchenpapier getrennt, aufeinander stapeln. Die Pfannkuchen in Aluminiumfolie wickeln und im Backofen warm halten.

4 Für die Füllung die Butter in einer kleinen Bratpfanne bei mittlerer Hitze zerlassen. Birnen und Feigen zufügen, Temperatur herunterschalten und etwa 10 Minuten mit Deckel köcheln lassen, bis die Birnen weich sind.

5 Zimt- und Nelkenpulver, Orangenschale und braunen Zucker unterrühren und alles 5 Minuten weiterköcheln lassen.

6 Die Obstfüllung auf die warmen Pfannkuchen verteilen, diese falten und pro Person 2 Pfannkuchen mit 1 EL Sahnejoghurt sowie, falls gewünscht, etwas Ahornsirup servieren.

Nährwerte pro Portion 866 kJ, 207 kcal, 4 g Eiweiß, 4 g Fett (2 g gesättigte Fettsäuren), 40 g Kohlenhydrate (28 g Zucker), 3 g Ballaststoffe

Birnentörtchen

Diese Törtchen sind schon optisch einfach unwiderstehlich – dabei ist die Zubereitung dieser köstlichen Leckerbissen weitaus einfacher als man vermuten würde. Reichen Sie dazu mit Vanille und Williams-Christ-Birnenbrand aromatisierte Schlagsahne.

FÜR 1 BACKBLECH ODER
   12 TÖRTCHEN
Vorbereitung: 30 Minuten
Zubereitungt: 15–20 Minuten

400 g Blätterteig, frisch oder aus dem
   Kühlregal
Mehl zum Bestäuben
12 Gewürznelken
12 Kürbiskerne
1 Eigelb
3 EL Johannisbeergelee

Für den Belag
6 feste Birnen, geschält, halbiert und
   entkernt
1 EL Zitronensaft
100 ml Weißwein

Für die Füllung
150 g gemahlene Mandeln
2 EL Honig
4 EL Schlagsahne

1   Die Blätterteigplatten nebeneinander legen. Den Backofen auf 200 °C vorheizen, das Backbleck mit Backpapier auslegen.

2   Für den Belag die Birnenhälften mit dem Zitronensaft und dem Wein in einem Topf kurz aufkochen, dann zugedeckt bei schwacher Hitze 5 Minuten köcheln lassen. Vom Herd nehmen und die Birnen abtropfen lassen.

3   Für die Füllung Mandeln, Honig und Sahne mischen.

4   Den Teig auf der leicht bemehlten Arbeitsfläche 3 mm dick ausrollen, dann in 12 birnenförmige Stücke mit Stiel schneiden. Die Teigbirnen sollten rundum 3 cm größer als die halbierten Früchte sein.

5   Aus Teigresten Blätter formen und an die Stiele drücken. Die Teigbirnen auf das Blech legen, mehrfach einstechen, dann die Mandelfüllung auf die Mitte der Teigbirnen streichen, dabei einen 1 cm breiten Rand aussparen. Die Birnen auf den runden Seiten mehrmals einschneiden und mit den Schnittflächen auf die Füllung legen. Die Nelken als Blüten, die Kürbiskerne als Stiele in die Birnen stecken. Das Eigelb mit 2 TL Wasser verrühren, die Teigränder damit bestreichen. Die Törtchen 15–20 Minuten backen und warm mit dem Johannisbeergelee bestreichen.

Nährwerte pro Portion 1160 kJ, 277 kcal, 5 g Eiweiß, 15 g Fett (5 g gesättigte Fettsäuren), 31 g Kohlenhydrate (16 g Zucker), 4 g Ballaststoffe

Französische Mandelküchlein

Das auch als Financiers oder Visitandines bekannte Gebäck besticht durch seinen hohen Gehalt an Mandeln, die den Teig wunderbar saftig und aromatisch machen. Eigentlich werden die Küchlein in speziellen ovalen Formen gebacken, aber man kann auch ein normales Muffinblech verwenden.

ERGIBT 12 KÜCHLEIN
Vorbereitung: 20 Minuten
Zubereitung: 25 Minuten

6 Eiweiß
180 g Butter, zerlassen
100 g gemahlene Mandeln
190 g Puderzucker, plus etwas mehr
   zum Bestäuben
75 g Mehl
150 g Erdbeeren, in dünne Scheiben
   geschnitten

1 Den Backofen auf 200 °C vorheizen. Eine Muffinform mit 12 Vertiefungen einfetten und auf ein Backblech stellen.

2 Das Eiweiß in eine große Schüssel geben und mit einer Gabel leicht verquirlen. Dann Butter, Mandeln, Puderzucker und Mehl zufügen und mit einem Holzlöffel unterrühren, bis alle Zutaten gerade vermengt sind.

3 Den fertigen Teig auf die 12 Vertiefungen der vorbereiteten Muffinform verteilen. Die Erdbeerscheiben obenauf legen. Die Mandelküchlein 25 Minuten backen, dann aus dem Backofen nehmen und 5 Minuten in der Form ruhen lassen. Anschließend aus der Form nehmen und auf einem Kuchengitter abkühlen lassen. Mit Puderzucker bestreut servieren.

Nährwerte pro Küchlein 1050 kJ, 253 kcal, 4 g Eiweiß, 17 g Fett (9 g gesättigte Fettsäuren), 21 g Kohlenhydrate (16 g Zucker), 1 g Ballaststoffe

TIPPS

■ Für Mandelküchlein mit Kaffeegeschmack 1 EL Instant Kaffee in etwas kochendem Wasser auflösen und unter den Teig rühren.
■ Wer Küchlein mit ein wenig Biss bevorzugt, gibt noch 65 g gehackte Pistazien an den Teig.
■ Für Apfel-Heidelbeer-Küchlein 75 g Vollkornmehl mit 3 EL Weizenmehl und 1 Msp. Backpulver mischen. 60 g Puderzucker und 100 g gemahlene Mandeln zufügen. Dann 4 EL Milch, 3 EL Rapsöl und 200 g gehackte säuerliche Kochäpfel (z. B. Boskop) sowie 85 g Heidelbeeren zufügen. 5 Eiweiß steif schlagen und behutsam unter den Teig heben. Auf die Vertiefungen der Muffinform verteilen, 25–30 Minuten backen und 10 Minuten in der Form auskühlen lassen. Mit Puderzucker bestreut servieren.

Gebackene Feigen

Gebacken entfalten Feigen ihr köstliches Aroma besonders gut. Den Ricotta kann man auch weglassen und die Feigen nur mit Honig backen und mit einem Klacks Crème fraîche oder Vanillejoghurt servieren. Oder man ersetzt den Ricotta durch Blauschimmelkäse.

FÜR 4 PERSONEN
Vorbereitung: 10 Minuten
Zubereitung: 15 Minuten

3 EL Walnusskerne
8 große oder 12 kleine reife Feigen
100 g Ricotta
3 EL Honig

1 Den Backofen auf 200 °C vorheizen. Die Walnüsse auf einem Backblech ausbreiten und 4 Minuten im heißen Backofen rösten, bis sie ihr Aroma entfalten. Auf einem Teller abkühlen lassen.

2 Unterdessen die Feigen mit einem scharfen Messer am Stielansatz kreuzweise ein-, aber nicht ganz durchschneiden. Anschließend die Früchte behutsam öffnen.

3 Die Feigen vorsichtig mit dem Ricotta füllen und aufrecht dicht beieinander in eine Auflaufform stellen, sodass der Rictotta nicht herausfällt. Nun die Feigen mit 2 EL Honig beträufeln und 10 Minuten backen, bis sie weich geworden sind. Unterdessen die Walnüsse fein hacken.

4 Die Feigen auf 4 Tellern anrichten, mit dem restlichen Honig beträufeln, mit den gehackten Walnüssen bestreuen und sofort servieren.

Nährwerte pro Portion 820 kJ, 196 kcal, 5 g Eiweiß, 8 g Fett (2 g gesättigte Fettsäuren), 26 g Kohlenhydrate (26 g Zucker), 3 g Ballaststoffe

Frische Feigen auf einem Blätterteigbett

Mit etwas Rosenwasser und ein paar Pistazienkernen wird aus schlichtem Blätterteig eine knusprige und wohlschmeckende Unterlage für saftige frische Feigen. Ein Dessert, das superleicht herzustellen ist und dabei noch wunderschön aussieht und fantastisch schmeckt.

FÜR 6 PORTIONEN
Vorbereitung: 25 Minuten
Zubereitung: 12 Minuten

1 Rolle fertiger Blätterteig (275 g) aus
  dem Kühlregal
2 EL Rosenwasser
40 g Pistazienkerne, gehackt
2 EL Zucker

Für die Dekoration
6 reife frische Feigen
125 g griechischer Sahnejoghurt
3 EL flüssiger Honig
Pistazienkerne, gehackt, nach Belieben

1 Den Backofen auf 240 °C vorheizen. Den Blätterteig aus dem Kühlschrank nehmen und, wenn es die Zeit erlaubt, in der Verpackung in ca. 20 Minuten Raumtemperatur annehmen lassen. Den Teig entrollen und in 6 fast quadratische Vierecke schneiden; diese auf ein mit Wasser benetztes Backblech legen.

2 Die Teigstücke mit dem Rosenwasser beträufeln und mit den Pistazien und dem Zucker bestreuen. Im heißen Ofen 10 – 12 Minuten backen, bis sie aufgegangen und gebräunt sind.

3 In der Zwischenzeit die Feigen von den Stielen befreien und längs in jeweils 6 Spalten schneiden. Auf jeden Teller 1 Blätterteigteilchen geben und 3 Feigenspalten darauf anrichten. Je 1 Tupfer Joghurt danebensetzen und 3 weitere Feigenspalten dazulegen. Die Feigen mit dem Honig beträufeln, nach Belieben mit gehackten Pistazien bestreuen und das Dessert sofort servieren.

Nährwerte pro Portion 1591 kJ, 380 kcal, 6 g Eiweiß, 19 g Fett (9 g gesättigte Fettsäuren), 46 g Kohlenhydrate (24 g Zucker), 3 g Ballaststoffe

----

TIPPS

■ Statt der Feigen können Sie auch frische Erdbeeren verwenden und dementsprechend 3 Früchte auf dem Gebäck und 3 daneben anrichten.
■ Oder auch 4 frische Pfirsiche: In Spalten schneiden, die Hälfte auf das Gebäck, die andere danebenlegen. Mit je 1 TL Aprikosenkonfitüre dekorieren.

Cantuccini mit Cranberrys

Diese italienischen Biscotti, ein traditionelles Mandelgebäck, das ursprünglich aus der Gegend um Florenz stammt, werden zweimal gebacken und sind dadurch besonders knusprig und haltbar. Sie werden gern mit dem süßen Vin Santo oder mit Espresso zum Eintunken serviert.

FÜR 20 STÜCK
Vorbereitung: 30 Minuten
Zubereitung: 30–40 Minuten

50 g geschälte Mandeln
1 großes Ei
80 g Zucker
1 Prise Salz
150 g Mehl
1/2 TL Backpulver
1 TL Zimtpulver
50 g getrocknete Cranberrys

1 Den Backofen auf 180°C vorheizen. Die Mandeln auf dem Backblech verteilen und 10 Minuten im Ofen rösten. Vom Blech nehmen und abkühlen lassen. Das Blech mit Backpapier auslegen. Das Ei mit Zucker und Salz cremig schlagen.

2 Das Mehl mit dem Backpulver und dem Zimt auf die Ei-Zucker-Creme sieben und mit einem Schneebesen vorsichtig so unterheben, dass die Creme nicht zusammenfällt. Zum Schluss die Mandeln und die Cranberrys sorgfältig unter den Teig ziehen.

3 Den klebrigen Teig in einem langen Strang auf das Backblech legen und mit gut befeuchteten Händen zu einer 25 x 6 cm großen Rolle formen. Die Rolle in 20–25 Minuten im Backofen goldbraun backen. Herausnehmen und auf dem Blech 5 Minuten abkühlen lassen.

4 Die Teigrolle mit einem Brotmesser diagonal in 20 Scheiben schneiden. Diese auf das Backblech legen und im Ofen weitere 10–15 Minuten backen, bis die Schnittflächen goldbraun sind. Auf einem Kuchengitter abkühlen lassen. Die Cantuccini halten sich in verschlossenen Blechdosen 2 Wochen.

Nährwerte pro Portion 299 kJ, 71 kcal, 2 g Eiweiß, 2 g Fett (1 g gesättigte Fettsäuren), 12 g Kohlenhydrate (5 g Zucker), 2 g Ballaststoffe

Spanischer Orangen-Mandel-Kuchen

Für diesen saftig-leichten Mandelkuchen benötigen Sie unbedingt unbehandelte Orangen, da sie mit Schale verarbeitet werden. Personen mit Laktoseintoleranz und/oder Glutenunverträglichkeit werden sich freuen zu hören, dass dieses Gebäck weder Milchprodukte noch Mehl enthält.

FÜR 10 PERSONEN

Vorbereitung: 30 Minuten
Zubereitung: 1 Stunde 25 Minuten

2 unbehandelte Orangen, ca. 280 g
   Gesamtgewicht
5 Eier, getrennt
200 g feinster Zucker
225 g gemahlene Mandeln
2 EL Mandelblättchen
Puderzucker, zum Garnieren

1 Die Orangen heiß abwaschen und grob hacken, aber nicht schälen. Eventuelle Kerne entfernen. Dann die Orangen mit 1 EL Wasser in einem Topf 30 Minuten sanft köcheln lassen, bis sie weich sind und die gesamte Flüssigkeit verdampft ist. Beiseitestellen und abkühlen lassen.

2 Den Backofen auf 180 °C vorheizen. Boden und Ränder einer Springform (23 cm Ø) mit Backpapier auslegen. Die abgekühlten Orangen fein hacken.

3 Das Eiweiß in einer großen Schüssel steif schlagen. Nach und nach die Hälfte des Zuckers unterrühren. Sobald er eingearbeitet ist, noch 1 Minute weiterschlagen.

4 In einer zweiten Schüssel das Eigelb mit dem restlichen Zucker 2–3 Minuten cremig schlagen. Dann die fein gehackten Orangen einrühren und die gemahlenen Mandeln zufügen.

5 Vom Eischnee 3 EL unter die Orangen-Mandel-Mischung rühren, um diese etwas aufzulockern. Den restlichen Eischnee behutsam mit einem Metalllöffel unterheben. Die fertige Mischung in die vorbereitete Form geben, glatt streichen und mit den Mandelblättchen bestreuen.

6 Den Kuchen 50–55 Minuten backen, bis er goldbraun geworden ist und ein in die Mitte gestochenes Holzstäbchen teigfrei bleibt. Den Bräunungsgrad zunächst nach 20 Minuten, dann noch einmal nach 30 Minuten überprüfen und den Kuchen mit Alufolie abdecken, falls er zu stark bräunt.

7 Den Kuchen in der Form abkühlen lassen, dann herausnehmen, auf einen Kuchenteller setzen und kurz vor dem Servieren mit Puderzucker bestäuben. Luftdicht verpackt ist er bis zu 2 Tage haltbar.

Nährwerte pro Portion 1095 kJ, 262 kcal, 8 g Eiweiß, 15 g Fett (2 g gesättigte Fettsäuren), 23 g Kohlenhydrate (23 g Zucker), 3 g Ballaststoffe

Tarte tatin – umgedrehte Apfeltarte

Im Herkunftsland Frankreich heißt dieser beliebte Apfelkuchen auch Tarte des demoiselles Tatin, nach zwei betagten Schwestern, die ihn im 19. Jahrhundert zufällig erfunden haben sollen. Unsere Tarte wird lauwarm und mit Joghurt statt mit Schlagsahne serviert.

FÜR 1 TARTEFORM (22 CM Ø)
Vorbereitung: 40 Minuten, plus
   30 Minuten Kühlzeit
Zubereitung: 20 Minuten

Für den Teig
120 g Mehl, plus etwas mehr zum
   Bestäuben
1 EL Zucker
1 Prise Salz
60 g kalte Butter, in Stückchen

Für die Füllung
50 g brauner Zucker
1 EL Zitronensaft
600 g Äpfel, Cox Orange oder Boskopp,
   geschält, entkernt und in dicke Spalten
   geschnitten
30 g Sultaninen
1/2 TL Lebkuchen- oder Spekulatius-
   gewürz
1 TL abgeriebene Schale von
   unbehandelten Zitronen

Zum Servieren
250 g griechischer Joghurt
1 EL flüssiger Honig
1 TL abgeriebene Schale von
   unbehandelten Zitronen

1 Für den Teig das Mehl in eine Schüssel sieben, Zucker und Salz darüberstreuen. Die Butter unter die Mehlmischung kneten, die Zutaten dabei zwischen den Händen reiben, sodass feine Krümel entstehen. 1½–2 EL kaltes Wasser zugeben und alles zu einem geschmeidigen Teig verkneten. Diesen zu einer Kugel formen und in Frischhaltefolie wickeln. Mindestens 30 Minuten in den Kühlschrank stellen.

2 Währenddessen für die Füllung Zucker und Zitronensaft in einer Pfanne erhitzen, bis sich der Zucker aufgelöst hat. Die Apfelspalten zugeben und abgedeckt bei schwacher Hitze in 8–10 Minuten unter gelegentlichem Rühren nicht zu weich dünsten. Dann mit einem Schaumlöffel aus dem Sud heben und gut abtropfen lassen. Den Sud in der Pfanne lassen. Den Backofen auf 200 °C vorheizen.

3 Die Apfelspalten dachziegelartig in die Tarteform legen. Die Sultaninen in den Sud geben, Gewürz und Zitronenschale zufügen und alles 2–3 Minuten schmoren. Dann die Mischung über die Äpfel geben. Zum Abkühlen beiseitestellen.

4 Den Teig auf einer leicht bemehlten Arbeitsfläche dünn zu einem 25 cm großen Kreis ausrollen und auf die Füllung legen; den Teigrand zwischen Form und Äpfel schieben. Die Tarte in etwa 20 Minuten goldbraun backen, dann herausnehmen und 5–10 Minuten in der Form abkühlen lassen. Die Tarte auf eine Platte stürzen. Joghurt, Honig und Zitronenschale cremig rühren und zur lauwarmen Tarte reichen.

Nährwerte pro Portion 1260 kJ, 301 kcal, 27 g Eiweiß, 19 g Fett (3 g gesättigte Fettsäuren), 3 g Kohlenhydrate (3 g Zucker), 3 g Ballaststoffe

Panforte

Panforte ist eine toskanische Gebäckspezialität. Ihren Ursprung hat sie in Siena und Umgebung. Traditionell handelt es sich um ein Weihnachtsgebäck. Ähnlich wie Christstollen ist Panforte mehrere Wochen lang haltbar, und je länger er durchzieht, desto besser schmeckt er.

ERGIBT 1 KUCHEN
Vorbereitung: 15 Minuten
Zubereitung: 40 Minuten

100 g Mehl
2 EL Kakaopulver
1 TL Zimtpulver
1 TL frisch geriebene Muskatnuss
110 g blanchierte Mandeln, grob gehackt und geröstet
90 g Haselnüsse, grob gehackt und geröstet
80 g kandierte Kirschen oder gemischte kandierte Früchte, gehackt
75 g kandierter Ingwer
60 g getrocknete Feigen, gehackt
100 g dunkle Schokolade
80 g feinster Zucker
175 g Honig
Puderzucker, zum Servieren

1 Den Backofen auf 150 °C vorheizen. Eine Backform (20 cm Ø) einfetten und mit Backpapier auslegen.

2 Mehl, Kakaopulver, Zimt und Muskat in eine große Schüssel sieben. Mandeln, Nüsse, kandierte Früchte, Ingwer und Feigen zufügen und alles gut vermengen.

3 Die Schokolade über einem heißen Wasserbad schmelzen. Zucker und Honig in einem kleinen Topf bei geringer Hitze erwärmen, bis sich der Zucker gelöst hat. Die Masse aufkochen und 5 Minuten köcheln lassen, bis sie eingedickt ist. Den entstandenen Sirup zusammen mit der geschmolzenen Schokolade zu der Nuss-Feigen-Mischung in die Schüssel geben und gut unterrühren.

4 Die fertige Panforte-Masse in die vorbereitete Form geben und mit einem angefeuchteten Metalllöffel glatt streichen. 30 Minuten backen, anschließend herausnehmen und in der Form abkühlen lassen. Der Panforte ist noch weich, wenn er aus dem Ofen kommt, härtet beim Abkühlen jedoch aus.

5 Den ausgekühlten Panforte aus der Form nehmen, mit Puderzucker bestreuen und in Frischhaltefolie wickeln. Vor dem Verzehr sollte er gründlich, mindestens aber einen Tag, durchziehen. Luftdicht verpackt ist er gut 3–4 Wochen haltbar. Zum Verzehr in Stücke oder Scheiben schneiden.

Nährwerte pro Portion 633 kJ, 151 kcal, 3 g Eiweiß, 7 g Fett (1 g gesättigte Fettsäuren), 20 g Kohlenhydrate (17 g Zucker), 1 g Ballaststoffe

- -

TIPP

Sie können den Panforte auch in einer quadratischen, mit essbarem Reispapier ausgelegten Backform zubereiten. Vor dem Backen eine weitere Schicht Reispapier obenauf legen und den Panforte zum Verzehr mitsamt dem Papier in kleine Quadrate schneiden.

- -

Italienischer Reiskuchen mit Früchten

Dieser ungewöhnliche Kuchen kommt ganz ohne Mehl aus. Stattdessen wird Risottoreis in Milch cremig gekocht und mit Eiern, Mandeln, Pinienkernen, Zitronenaroma und Rum angereichert und gebacken – mit einem kleinen Beerensalat ein exzellentes Dessert.

FÜR 1 SPRINGFORM (21 CM Ø)

Vorbereitung: 1¼ Stunden,
   plus 12 Stunden Kühlzeit
Zubereitung: 40 Minuten

600 ml Milch
1 Streifen dünn abgeschälte Schale von
   1 unbehandelten Zitrone
150 g Risottoreis
Butter zum Einfetten
100 g Pinienkerne
100 g geschälte Mandeln
3 große Eier
100 g Zucker
abgeriebene Schale von 1 unbehandelten
   Zitrone
1 EL Rum
1 Prise Salz
Puderzucker

Für den Beerensalat
Erdbeeren, Kirschen und Himbeeren
Puderzucker
Likör

1 Die Milch mit dem Zitronenschalenstreifen aufkochen. Den Reis einrühren und die Temperatur so reduzieren, dass die Milch gerade nicht mehr kocht. Ohne Deckel unter häufigem Rühren ca. 40 Minuten sieden lassen, bis die Mischung dick und cremig ist. Den Reis in einer großen Schüssel abkühlen lassen. Den Backofen auf 180°C vorheizen. Die Springform mit Butter einfetten und den Boden mit Backpapier auslegen.

2 Pinienkerne und Mandeln im Ofen in ca. 10 Minuten hellbraun rösten. Die Mandeln grob hacken. Die Zitronenschale aus dem Reis entfernen. Die Eier trennen, das Eigelb nach und nach unter die Reismasse ziehen. Zucker, abgeriebene Zitronenschale, Rum, Mandeln und Pinienkerne unterrühren.

3 Das Eiweiß mit Salz steif schlagen und mit einem Schneebesen unter die Reismasse ziehen. Den Teig in die Form füllen, die Oberfläche glatt streichen und den Kuchen ca. 40 Minuten backen, bis ein in die Mitte gestochenes Holzstäbchen teigfrei bleibt. Den Kuchen in der Form abkühlen lassen, dann mit Folie bedecken und über Nacht in den Kühlschrank stellen.

4 Zum Servieren den Reiskuchen aus der Form nehmen und das Backpapier entfernen. Den Kuchen mit Puderzucker bestreuen und in 10–12 Stücke schneiden. Nach Belieben mit marinierten Beeren servieren. Dazu die Beeren mit Puderzucker und einem Schuss Likör mischen und 10 Minuten ziehen lassen.

Nährwerte pro Portion 1366 kJ, 326 kcal, 10 g Eiweiß, 19 g Fett (3 g gesättigte Fettsäuren), 28 g Kohlenhydrate (15 g Zucker), 3 g Ballaststoffe

- -

TIPP

Statt Risottoreis können Sie auch Milchreis, türkischen Rundkornreis oder spanischen Paellareis verwenden.

- -

Gesunde Ernährung für ein gesundes Leben

Ernährungstrends kommen und gehen, doch worauf es wirklich ankommt, ist, sich vielseitig zu ernähren. Denn es gibt nicht das *eine* Nahrungsmittel, das alle Vitamine, Mineralien und sonstigen Stoffe, die der Körper braucht, in sich vereint. Wichtig ist, Produkte aus den verschiedenen Lebensmittelgruppen auf dem individuellen Speiseplan in ein ausgewogenes Verhältnis zu bringen.

Ausgewogenheit schaffen

Immer wieder wird empfohlen, mehr Vollkornprodukte, Obst und Gemüse zu verzehren und zugleich den Konsum von Fett, Fleisch und Süßem einzuschränken. Wie viel genau man von den einzelnen Lebensmitteln zu sich nehmen soll und darf, ist jedoch von Mensch zu Mensch verschieden. Faktoren wie Größe, Gewicht und das tägliche Aktivitätsprofil spielen dabei eine wichtige Rolle. Um sich mit den Grundregeln einer ausgewogenen Ernährung vertraut zu machen, kann man sich den idealen Speiseplan als einen Teller vorstellen, auf dem die verschiedenen Lebensmittelgruppen entsprechend ihrer Bedeutung für den täglichen Verzehr angeordnet sind. Man muss aber nicht bei jeder Mahlzeit ideale Mengen von Produkten aus diesen Gruppen zu sich nehmen und die Vorgaben auch nicht jeden Tag einhalten, solange nur die Bilanz über ein, zwei Wochen hinweg stimmt.

Der ideale Speiseplan

Getreide, Getreideerzeugnisse und Kartoffeln: 6–10 Portionen täglich

Mindestens 50 Prozent unserer Energie sollten wir aus Kohlenhydraten beziehen, und zwar vor allem aus stärkehaltigen Lebensmitteln wie Brot, Kartoffeln, Nudeln, Reis und Getreideflocken. Stärkehaltige Kohlenhydrate sind die besten Energielieferanten, zudem enthalten sie wertvolle Proteine, Vitamine und Mineralstoffe. Greifen Sie, wann immer möglich, zu Vollkornprodukten, denn die darin enthaltenen Ballaststoffe beugen nicht nur Verstopfung und Darmerkrankungen vor, sondern fördern u. a. auch die Herzgesundheit.

Beispiele für 1 Portion Getreideprodukte

3 EL Frühstücksflocken • 2 EL Müsli • 1 Scheibe Brot • 1 Brötchen • 2 Scheiben Knäckebrot • 1 mittelgroße Kartoffel • 2 gehäufte EL Reis oder Nudeln

Obst und Gemüse: Mindestens 5 Portionen täglich

Dass wir grundsätzlich mehr Obst und Gemüse essen sollten, steht für Ernährungswissenschaftler außer Frage. Pro Tag wird der Verzehr von 2 Portionen Obst und 5 Portionen Gemüse empfohlen. Diese Naturprodukte enthalten meist viel Vitamin C, welches das Immunsystem stärkt, sowie andere antioxidativ wirkende Vitamine und Mineralstoffe, die freie Radikale binden und dadurch helfen, Herzleiden und Krebserkrankungen vorzubeugen. Auch B-Vitamine sind vielfach in Obst und Gemüse vorhanden, darunter Folsäure, die in der Schwangerschaft wichtig ist, um Geburtsfehlern vorzubeugen.

Beispiele für 1 Portion Obst oder Gemüse

1 mittelgroße Gemüsebeilage • 1 mittelgroßer Salat • 1 Stück Obst von mittlerer Größe • ca. 140 g Kompott oder Obst aus der Dose • 1 kleines Glas Fruchtsaft

Milchprodukte: 2–3 Portionen täglich

Milchprodukte, zu denen neben reiner Milch z. B. auch Käse und Joghurt zählen, liefern viel Kalzium, das Knochen, Zähne und Nervensystem stärkt, sowie Eiweiß, das Wachstum und Zellregeneration fördert. Gerade für Kinder ist diese Nahrungsmittelgruppe sehr wichtig – bis zu einem Alter von 2 Jahren sollten sie nur Vollfetterzeugnisse erhalten. Auch heranwachsende Mädchen und junge Frauen tun gut daran, ausreichend Milchprodukte zu konsumieren, um Osteoporose im Alter vorzubeugen. Erwachsene sollten allerdings möglichst zu fettarmen Milchprodukten greifen.

Beispiele für 1 Portion Milchprodukte

1 mittelgroßes Glas Milch (200 ml) • 1 streichholzschachtelgroßes Stück Gouda (40 g) • 1 kleiner Becher Joghurt • 125 g Hüttenkäse

Fleisch, Fisch und Eier: 2–3 Portionen wöchentlich

Mageres Fleisch, Fisch und Eier liefern blutbildendes Eisen und Proteine, die der Körper zum Wachstum und für die Zellregeneration benötigt. Fleisch enthält außerdem B-Vitamine, die ein gesundes Nervensystem und eine gesunde Verdauung fördern, sowie Zink für eine gesunde Haut und gesunde Knochen. Unser Körper benötigt jedoch nur geringe Mengen an proteinreichen Lebensmitteln: Eine erwachsene Frau kommt mit etwa 45 g, ein erwachsener Mann mit 50 g Proteinen pro Tag aus. Diesen Proteinbedarf kann man zu einem gewissen Grad auch mit Nüssen und Hülsenfrüchten decken; der tägliche Konsum von Fleisch und Fisch ist eher schädlich. Auch sollte man nicht mehr als 4 Eier pro Woche verzehren.

Beispiele für 1 Portion Fleisch, Fisch oder Eier

50–70 g Rind-, Schweine- oder Lammfleisch, Schinken, Innereien, Geflügel oder fettreicher Fisch • 115–140 g fettarmer Fisch (unfrittiert und ohne Panade) • 3 Fischstäbchen • 2 Eier

Öle und Fette: 1–5 Portionen täglich

Öle und Fette sollten nicht mehr als 33 Prozent der täglichen Kalorienzufuhr ausmachen und gesättigte Fettsäuren davon nicht mehr als 1 Drittel. Übermäßiger Verzehr fetthaltiger Lebensmittel ist einer der Hauptgründe für Übergewicht und viele Zivilisationskrankheiten. Allerdings benötigt der Körper Fette, um fettlösliche Vitamine für sich nutzbar zu machen, für eine gesunde Hirnfunktion, gute Sehkraft und ein starkes Nervensystem. Dazu reicht jedoch schon eine geringe Menge aus, nämlich 25 g pro Tag. Die besten Quellen für essenzielle Fettsäuren sind natürliches Fischöl und reine Pflanzenöle.

Beispiele für 1 Portion Öl oder Fett:

1 TL Butter/Margarine • 2 TL fettarme Margarine • 1 TL Bratöl • 1 EL Mayonnaise oder Vinaigrette • 1 EL Sahne

Süßes: 0–2 Portionen täglich

Viele Nahrungsmittel, wie z.B. Obst und Milch, enthalten von Natur aus Zucker (etwa in Form von Fruktose oder Laktose). Weitgehend meiden sollten wir jedoch künstlich gezuckerte Nahrungsmittel. Denn reiner Zucker enthält keine Vitamine, Mineralien, Ballaststoffe oder sonstigen gesundheitsfördernden Bestandteile. Allerdings heitern uns Süßigkeiten bekanntlich auf und werden daher gern als Seelennahrung bezeichnet. Sklavisch auf bestimmte Lebensmittel zu verzichten oder sie als Belohnung oder Bestrafung einzusetzen, ist ohnehin keine gesunde Ernährungsstrategie. Darum gehören auch Süßigkeiten zu einer ausgewogenen Ernährung. Sie sollten allerdings nicht mehr als 11 Prozent der täglichen Kalorienzufuhr ausmachen. Denken Sie aber daran, dass zahlreiche Getränke und Fertigprodukte künstlich gezuckert sind.

Beispiele für 1 Portion Süßes

1 gehäufter TL Marmelade oder Honig • 2 Plätzchen • 1/2 Stück Kuchen • 1 kleines Teilchen • 1 kleiner Schokoriegel • 1 kleine Tüte Gummibärchen

Salz

Salz ist für eine Vielzahl von Körperfunktionen entscheidend, aber auch hier gilt: Zu viel ist ungesund. Leider ist ein überhöhter Salzkonsum bei uns meist die Regel, denn Fastfood, Fertigprodukte und Knabberartikel sind häufig stark gesalzen. Außerdem salzen viele Menschen bei Tisch gewohnheitsmäßig nach. Infolgedessen leiden wir im Alter oft unter hohem Blutdruck, was das Herzinfarkt- und Schlaganfallrisiko deutlich erhöht.

Alkohol im Rahmen einer gesunden Ernährung

Der gesündeste Umgang mit Alkohol ist, nur kleine Mengen zu den Mahlzeiten zu sich zu nehmen, immer wieder einige Tage abstinent zu bleiben und sich grundsätzlich nicht zu betrinken. Eine ausgewogene Ernährung schützt übrigens vor den Gefahren des Alkohols, weil verschiedene Nährstoffe in den Speisen (Vitamine und Mineralien) dazu beitragen, den Körper zu entgiften.

Wasser – die beste Wahl

Dass auch eine ausreichende Flüssigkeitszufuhr (die am besten durch Wasser gewährleistet wird) zu einer gesunden Ernährung gehört, wird oft vergessen. Mindestens 1,5 l kalorienarme Getränke sollte man über den Tag verteilt zu sich nehmen.

Register

Hinweise

■ Die Backofentemperaturen in diesem Buch sind auf handelsübliche Backöfen mit Ober- und Unterhitze abgestimmt.

■ Wenn nicht anders angegeben, werden Eier der Größe M verwendet.

■ Die Füllmengen von Konserven bzw. das jeweilige Gesamt- und Abtropfgewicht können je nach Land und Hersteller variieren.

■ Die angegebenen Vorbereitungs- und Zubereitungszeiten dienen lediglich der Orientierung.

■ Die Nährwertangaben in diesem Buch sind als Richtwerte zu verstehen. Der Verlag empfiehlt allen Lesern mit gesundheitlichen Problemen oder Ernährungsfragen, sich an einen Arzt zu wenden.

Bildnachweis

Alle Fotos Reader's Digest mit Ausnahme von: Einbandvorderseite: iStockphoto.com; S. 2, 8, 10, 11, 13, 14, 64, 130, 182, 244: shutterstock.com

Rezepte aus den australischen Originalausgaben *Low Fat No Fat Mediterranean* und *Mediterranean Cooking*

Deutsche Ausgabe
Producing: Ralph Fischer
Übersetzung: Sonja Kerkhoffs
Redaktion: Ralph Fischer, Alexander Kerkhoffs
Satz: Regine Ermert
Schlussredaktion: Michaela Fischer

Reader's Digest
Redaktion: Anne Diener-Steinherr (Projektleitung)
Grafik: Peter Waitschies
Bildredaktion: Sabine Schlumberger
Prepress: Frank Bodenheimer

Redaktionsdirektor: Michael Kallinger
Chefredakteurin Buch: Dr. Renate Mangold
Art Director: Susanne Hauser

Produktion
arvato distribution: Thomas Kurz

Druckvorstufe
BORN London Limited

Druck und Binden
Neografia, Martin

© der australischen Originalausgaben
2012, 2013 Reader's Digest (Australia), Pty Limited

© 2019, 2017 Reader's Digest Deutschland, Schweiz, Österreich
Verlag Das Beste GmbH, Stuttgart, Zürich, Wien

UK 0054/IC/S

ISBN 978-3-96211-013-0

Printed in Slovakia

Besuchen Sie uns im Internet
www.readersdigest-verlag.de
www.readersdigest-verlag.ch
www.readersdigest-verlag.at